IL ME RESTE À VIVRE

FATOU DIARRA

IL ME RESTE À VIVRE

Oublier les flammes,
retrouver l'espoir...

Avec la collaboration d'Albertine Gentou

Michel LAFON

Hormis quelques noms changés
pour respecter l'anonymat de certaines personnes,
tous les faits rapportés ici sont authentiques.

7-13, boulevard Paul-Émile Victor - Île de la Jatte
92521 Neuilly-sur-Seine Cedex

À ma fille, mes frères et sœurs, mon cousin,
Mamou, sa sœur, ses enfants, Ada et Fatou.
Que leur âme repose en paix.

« Si tu acceptes de venir,
il te faudra accepter de repartir. »

PROVERBE DU MALI

LE CAUCHEMAR

Dans la nuit du 24 au 25 novembre 2005

Un rideau rouge flamboyant danse sur la façade de l'immeuble. De quelque côté que je regarde, le brouillard m'entoure. Une odeur âcre entrave ma respiration. Les yeux me brûlent. Je ne vois plus rien. Quand enfin je parviens à discerner ce qui se passe autour de moi, je découvre l'enfer. Ce que je croyais être un tissu est en fait une barrière de flammes.

Tout autour de moi, le feu.

Derrière, devant, des cris, des hurlements d'épouvante, des appels au secours. Je ne distingue pas d'où ils proviennent. Je ne peux que les entendre. Moi aussi, j'aimerais hurler pour avertir de ma présence. Mais devenue aphone sous l'effet de la panique, je ne peux prononcer ni émettre aucun son. L'affolement me tétanise. Enfin je parviens à demander :

– Où est Niamé, ma fille ?

Mais nul ne me répond. Et je répète comme un leitmotiv :

– Où est Niamé, ma fille ?

Partout, tout autour, la fumée, les vapeurs d'oxyde de carbone, la chaleur et ce fronton enflammé. J'ai mal, j'ai peur. La plante de mes pieds grille. J'essaie de bouger, de me décoller de ce lino en plastique en train de se consumer qui se fond à mes chairs. Au prix d'un effort incommensurable, j'arrive à faire un pas, puis un autre. Effectuant un demi-tour, j'avance péniblement vers l'entrée de notre appartement. Je ne reconnais rien dans ces ruines mais je *sais* qu'elles correspondent à notre logement.

Une coulée de flammes s'engouffre dans l'embrasure de la porte que je viens d'ouvrir et me lèche le visage. Des voix comme celle d'un chœur de théâtre antique ou d'un groupe de gospel scandent :

– Pense à ta fille, à tes frères, ton cousin et ta petite sœur ! Cherche-les ! Tu ne trouveras le repos que quand tu les auras retrouvés...

– Oui, ta fille, tes frères, ton cousin, ta petite sœur...

– Non ! dis-je dans un hurlement.

Déjà les voix reprennent :

– Vas-y ! Cherche-les...

– Assez ! Laissez-moi tranquille.

– Mademoiselle, dit encore une autre voix derrière moi. Venez vite. Vous êtes la dernière à quitter l'immeuble. Dépêchez-vous...

Sans que j'aie le temps de protester, je me sens emportée, saisie à bras le corps par deux sauveteurs harnachés comme des soldats, qui me donnent un masque pour respirer et m'aident ensuite à descendre l'échelle métallique.

Au moment de toucher le sol, la terre s'ouvre et m'aspire dans ses entrailles. Je me sens partir en vrille comme si j'étais à bord d'un train fantôme. La mort m'appelle. J'essaie de résister à cette spirale infernale. Je lève les bras pour me raccrocher à quelque chose de tangible qui m'empêcherait de glisser. Je crie. Je pleure. Mais rien ne m'arrête dans cette chute mortelle.

Les larmes coulent sous mes paupières et m'irritent les yeux. Pour les essuyer, je les frotte. La brûlure augmente et se propage. J'ouvre les paupières. Je me retrouve dans un lieu inconnu.

*
**

Enfin sortie de mon cauchemar, celui que je fais régulièrement chaque nuit depuis que l'incendie a décimé notre famille le 26 août 2005, il y a tout juste trois mois, je me réveille. De longues minutes, je reste hébétée avant de pouvoir penser de nouveau normalement.

Dans l'obscurité, je tourne la tête et cherche à me repérer. En fait, très vite, je m'aperçois que je suis dans l'appartement du dix-huitième arrondissement, près de la porte de Clignancourt à Paris, que l'on a attribué à ma famille début septembre, une semaine après le drame.

L'incendie du boulevard Vincent-Auriol dans le treizième a ravagé l'immeuble insalubre et les taudis dans lesquels nous vivions, mon père, ma mère, la seconde épouse de mon père, mes quatorze frères et sœurs, Niamé, ma fille, et moi.

De notre tribu, nous avons perdu sept de mes frères et sœurs, les plus petits, ma propre fille et un cousin en vacances chez nous. En une nuit, notre existence s'est transformée en carnage.

Et toujours ce laminant sentiment de perte.

Je tente de refouler la tristesse, les mauvaises pensées, les images obsédantes qui tissent leur toile autour de moi et me retiennent prisonnière. J'aimerais fumer. Mais dans l'appartement parental, c'est interdit. Alors, plutôt que de prendre un calmant, je reste là, prostrée. Tandis que je m'escrime à réguler ma respiration, je chasse mes démons et extirpe les épines de souffrance plantées dans mon dos.

Soudain, j'arrive à bouger. Sans tarder, profitant de l'accalmie, je me hisse hors des draps et m'évade encore une fois du quotidien...

Samedi 26 novembre 2005

Dès l'aube, alors que le ciel pointe derrière les ténèbres, je me lève. Dans les lits voisins, qui servent également de banquettes pendant la journée, mon frère, ma sœur et une de mes cousines dorment à poings fermés. Sans bruit, en m'étirant comme un chat, je m'habille avec rapidité puis je détale.

Une fois sortie de l'appartement, je dévale les escaliers, cours dans les couloirs et me retrouve à l'air pur. Libre ! Transie de froid.

Velours d'arabica, couleur café d'excellence, aussi noire que moi, la nuit parisienne m'enveloppe et me réconforte. Je me fonds en elle. Dans moins d'une heure, auréolée des premières lueurs de l'aurore, elle ne m'offrira plus l'anonymat. Mais pour l'instant, j'en profite. Ombre parmi les ombres en tenue de camouflage, j'avance dans le quasi-silence de la grande cité ensommeillée.

Cette année, l'hiver me paraît d'autant plus précoce que, depuis mon retour du Mali il y a quelques jours, les variations de température entre ici et là-bas me semblent disproportionnées.

Ces écarts de chaud et de froid ne sont cependant pas seuls responsables de mon trouble. Il y a aussi le dépaysement, les différences de culture et le reste. Surtout le reste. Les funérailles. Mes parents m'ont en effet demandé d'effectuer ce voyage pour aller enterrer les nôtres. Après dix-sept ans d'absence, et dans ces conditions si particulières, je viens de revoir ma terre natale, que j'ai quittée à l'âge de trois ans. Quel choc !

Le Mali aujourd'hui compte treize millions d'habitants dont quarante-neuf pour cent ont moins de quinze ans. Dans l'ensemble de la population, on dénombre dix-neuf pour cent de Maliens alphabétisés et vingt-six pour cent de scolarisés. Ce sont des chiffres, bien sûr. Mais les statistiques reflètent parfaitement l'état de cette république libérée de l'autorité française, indépendante depuis 1960, qui a testé plusieurs régimes avant de connaître la démocratie en la personne d'Amadou Touré en 2002.

Entre la France, ma terre d'adoption, et mon pays d'origine, n'existe-t-il qu'une mer, des milliers de kilomètres et quatre-vingts années de « cohabitation » colonisée ? Ou, comme je le ressens, des barrières de plus en plus insurmontables à franchir ?

Parvenue à la Porte de Clignancourt, je marche toujours d'un pas ferme et décidé. Je n'aspire qu'à une chose : que cette promenade me sorte de mon trou noir, de mes questionnements et de mon désarroi.

Désarroi. Le terme est faible pour définir le traumatisme qui suit un incendie meurtrier et la perte de ceux que l'on aime plus que tout au monde.

Désarroi ? Désespoir, oui, plutôt... Mais je me refuse à prononcer ce mot. Tout, même paraître inconséquente, indifférente, plutôt que lui laisser la place, à celui-là !

Tandis que je longe le boulevard Ornano en direction du Châtelet et que les camions de livraison déversent leurs marchandises sur les trottoirs, je parle aux djinns, les esprits invisibles de ma terre d'origine, pour chercher en moi un début de réponse.

Je m'appelle Fatou. Dans ma famille, mes parents, tous de nationalité malienne comme moi, me prénomment Fatouma mais prononcent Hatouma.

Selon le maître qui m'a enseigné les rudiments élémentaires d'arabe pour pratiquer la religion, les deux langues employées par les Maliens – le bambara, utilisé à la maison, et le soninké, plus ancestral – ressemblent à des pantalons trop grands auxquels on aurait oublié de mettre une ceinture. Je m'explique. Leur accent, aussi difficile à prononcer que l'anglais, omet certaines lettres. Ainsi j'écris Fatouma : on gomme le F, on entend seulement le Ha inspiré et mon prénom devient Hatouma. Parfois encore, on dit Hatoumata, un sobriquet qui signifie « petite » et exprime la tendresse.

J'ai vingt ans. Mais seulement en apparence. Car, dans mon cœur, j'ai déjà l'expérience – et surtout la douleur – d'une grand-mère de cinquante.

Il y a trois mois, jour pour jour, j'ai perdu ma fille, Niamé Touré, âgée de quatre ans. Il y a trois mois, jour pour jour, j'ai perdu sept de mes quatorze frères et sœurs et un cousin. Il y a trois mois, j'ai cru perdre mon père ; mais il n'était que gravement blessé après une défenestration accidentelle.

Il y a trois mois...

J'ai vu la mort en face.

Celle de mes proches, du soleil de mes jours, un cousin, des amis, des voisins, tous des enfants du continent africain. Les rescapés, ceux qui restent de ma famille et des douze autres tribus qui logeaient dans cet immeuble insalubre du boulevard Vincent-Auriol, ont échappé à l'horreur du feu.

Incendie criminel ? J'en reparlerai... Finalement ce n'est là qu'une question juridique, politique. Savoir le pourquoi du comment ne nous ramènera pas nos disparus.

Pour l'heure, je n'arrive pas à effacer la tragédie des flammes qui a balayé mes espoirs et mes rêves d'avenir. Ne me reste en mémoire que cette spirale infernale qui m'attire vers le bas, me ruine le moral et sape l'énergie que je devrais fournir pour me sortir de ce marasme. Et me voilà à déambuler dans les rues de la ville, à bavarder avec des fantômes.

Vers sept heures du matin, je franchis un des ponts de la Seine et déboule rive gauche. Derrière moi se dresse le ministère des impôts, le temple de Bercy. Architecture barbare. Portes en forme de pont-levis. Ambiance technocratique, insupportable de démesure pour les gens simples.

Tout autour, un quartier hip-hop, des restaurants branchés, des cinémas chics, une salle de spectacle géante conçue pour les méga-fêtes et connue par les stars du monde entier. Un panorama élégant auquel je n'ai pas accès... ou juste en passant. Donc, je passe.

Sous l'arche du métro aérien du quai de la Gare, je me retrouve en pays de connaissance. Il me semble revenir à mon point d'ancrage.

Adossé aux grilles de la station, enroulé dans une couverture, un jeune fume une cigarette, une bouteille de rhum à la main. Il reprend le rap que diffuse à tue-tête sa radio portative. Le groupe Sinik chante *Une drôle d'époque*, un de ses tubes. Les paroles racontent la vie des banlieues, les terrains vagues, les mauvaises fréquentations, les tentations et les entretiens avec la « conseillère de désorientation »... Elles évoquent les temps d'avant, quand « on n'avait pas la haine, quand on n'était pas dans la peine ».

Rythme syncopé. Litanie des infortunés. Ce ne sont ni ma culture, ni mes goûts. Mais ça existe. Qu'on le veuille ou non. Cela appartient à la réalité d'aujourd'hui, à laquelle on ne peut se dérober.

Les miens m'ont mise au courant des événements de cet automne, de la guérilla urbaine qui a dévasté la France lors de mon séjour au Mali. Même si je comprends le ras-le-bol des banlieusards et si je le partage, je ne suis pas d'accord avec leurs moyens de l'exprimer.

Ayant doublé le zonard sur le trottoir, je poursuis mon pèlerinage vers notre ancien domicile du boulevard Vincent-Auriol. La boulangerie d'un temps révolu nargue les constructions modernes issues du plan de rénovation du treizième arrondissement qui se dressent sur l'autre versant de la grande artère et parachèvent l'œuvre magistrale de la Grande Bibliothèque, un autre sanctuaire institutionnel, pour moi de science-fiction. Je dépasse le magasin juif, la boutique du plombier, les vestiges de notre ancien îlot. Enfin, au coin de la rue

Edmond-Flamand, je reconnais le bâtiment où j'ai passé tant d'années. Devant la façade condamnée où se terrent les souvenirs d'avant, quand j'étais petite fille, adolescente, femme et maman, je m'arrête.

Je regarde les portes scellées, les fenêtres des premiers étages obstruées par des parpaings, les autres ouvertes au néant.

Le néant de ma tristesse.

J'observe les lieux comme si je les voyais pour la première fois : au-dessus de la porte d'entrée, une date – 1894 –, celle de la construction, le nom de l'architecte gravé dans la pierre, et une plaque en émail bleue qui stipule : « Gaz à tous les étages ». Des annotations d'un autre siècle.

Le gaz ! Ça faisait belle lurette que, pour nous, il était coupé, et avec lui bien d'autres commodités dans ce taudis qui n'avait de commun avec une habitation normale que son loyer démesuré.

À gauche, à droite, dans la rue désertée, le silence.

La dévastation.

Rien. Si ce n'est la mort.

Pourtant, dans cette désolation, il me semble entendre comme les pleurs d'une enfant, ma Niamé... Je ferme les yeux. Non, ce n'est pas possible... Là, toute seule, dans la rue, au milieu du trafic qui grandit au fur et à mesure que la ville s'éveille, je m'abandonne aux larmes.

Longtemps je demeure ainsi, sans réaction, envahie par les sanglots, mon cœur bercé par une longue plainte. La sève s'est évadée de mon arbre de vie, l'énergie de ma colonne vertébrale. J'ai du mal à tenir encore debout.

Telle une somnambule, je traverse la grande artère pour rejoindre le square George-Balanchine coincé entre les tours, champignons de béton, juste en face des écoles maternelle et primaire que fréquentaient les enfants de la famille. Dans ce jardin transformé en chapelle ardente du souvenir, je me recueille devant les photos de ma fille et des défunts exposées là.

Lentement, les traits familiers s'estompent. Ma vue se brouille. Le temps se disperse. Les repères explosent.

D'autres images apparaissent. Se dessine une autre époque, celle de mon enfance.

*
**

Accompagnée de mes parents, j'arrive du Mali à Paris fin août 1988 : j'ai à peine trois ans. Mon père, qui vivait et travaillait en France depuis 1976, est venu nous chercher au pays. Il n'en pouvait plus de supporter la solitude.

Je me revois avec ma mère dans les ruelles du onzième, dans le quartier du Moulin-Joly dont j'aime tant le nom. Elle fait ses courses ; pour se faire comprendre, elle gesticule devant les commerçants ahuris et hilares.

Nous voici bientôt installés boulevard Vincent-Auriol. Je me retrouve sur les bancs de l'école où l'on remarque mon assiduité de bonne élève.

Les années passent. D'autres enfants naissent. L'immeuble dans lequel nous vivons se détériore. À l'électricité défectueuse s'ajoutent les rats, les cafards, l'humidité. Les familles nombreuses s'y entassent. Dans le quartier certains parlent de « squat » – alors que nous sommes bel et bien locataires – et nous regardent non comme des mal-logés mais comme des profiteurs...

Pourtant, mon père se montre âpre au travail et ne lésine ni sur les heures ni sur les petits boulots supplémentaires qui grossissent son salaire de base. Nous payons les loyers de deux appartements, l'un au troisième pour les adolescents, l'autre au cinquième pour les petits et les adultes, Dama, mon père, Wandé, ma mère et bientôt Bay, ma tante, la seconde épouse de papa. Car la polygamie est dans nos coutumes.

J'ai seize ans, je suis en première. Mes parents décident de me marier avec un garçon de notre caste, celle des forgerons, qui travaille en qualité de bijoutier à Montreuil, dans le « 9-3 ». Bon gré mal gré, je leur obéis. Bientôt j'attends un enfant. Il me tarde de devenir maman à mon tour. Quitte à jouer les « grandes » dames, autant l'être jusqu'au bout. Et pour grandir, me dis-je, rien de tel que la maternité...

Pour grandir et s'épanouir.

Se sentir habitée par un bébé, suer, trembler pour lui donner le jour, le voir si minuscule, l'embrasser, le respirer, le laver, l'habiller, le nourrir, le faire sien totalement – comme une prolongation de sa propre personne – constitue un des purs bonheurs de l'existence.

Pour moi, la maternité correspond à un éblouissement.

Une éclaircie dans la morosité ambiante.

En dépit de cela, la trêve ne dure pas. Je ne me plais pas chez monsieur mon époux. Mon époux devant Allah. Car nous ne sommes unis que par la religion. Au nom de la loi française, nous vivons en concubinage.

Mais qu'importe ! Bien avant le sevrage de ma fille, je retourne dans ma famille. J'éprouve encore le besoin de me faire choyer, chouchouter, ce que ne sait pas faire mon mari. Celui-ci appartient à cette race d'hommes qui aident les femmes à faire des enfants mais sur lesquels elles ne peuvent pas compter après.

Dans sa grande sagesse, ma mère me comprend, me réconforte et me protège. Elle s'occupe de Niamé comme de sa petite dernière. Moi, pendant ce temps, je bosse. Employée de fast-food, je découvre la vie active. J'ai l'impression de continuer ma croissance.

Où vais-je aller, que vais-je faire encore pour me donner l'illusion d'être grande ? Sur le moment, je l'ignore. Je me cherche et je ne me plains pas.

C'est déjà un miracle que mes parents acceptent de me reprendre après l'accouchement. Incapable de discerner ce que je veux, je parviens tout juste à formuler ce que je refuse : vivre pour l'instant avec cet époux que mes parents ont choisi. Encore dois-je exprimer ce refus à mi-voix. Dans ma communauté, et tout particulièrement chez les miens, il faut respecter la tradition, les coutumes des Anciens.

Faute de quoi, on nous bannit.

Mon père poursuit sa tâche avec application, méthode et abnégation. Ses femmes le suivent sur ce chemin. Ils élèvent leur progéniture selon les préceptes et les enseignements de leurs parents afin que les enfants prennent la relève et transmettent à leur tour ce qu'ils ont reçu.

Et ainsi de suite, ainsi va la vie.

Sans doute aurais-je suivi cette route avec plus ou moins de succès. Mais il y a eu l'incendie, et mes espoirs perdus. J'ai envie de réagir.

En ce 26 novembre 2005, je ne sais toujours pas qui je suis ni ce que je veux. J'ignore de quoi sera fait mon avenir. Mais la détresse, le chagrin, le malheur me poussent à réfléchir.

Mes proches m'encouragent à reprendre la vie commune avec le père de ma fille. Dans un premier temps, j'ai dit oui. Mais au moment de passer à l'acte, je me sens incapable de recommencer.

Recommencer pour quoi ?

Pour avoir d'autres enfants ?

Pas tout de suite, pas comme ça.

Un irrésistible désir de faire ma vie, de découvrir l'existence hors les murs m'exhorte à résister, à écouter la voix de ma vérité. Je ne peux pas, je ne veux pas reprendre la vie d'avant. Tout mon être se révolte à cette idée.

Mais que faire ? Changer de lieu et en trouver un autre juste un peu mieux que le précédent ? Cela me semble dérisoire. Quels que soient mes choix désormais, ils me paraissent inutiles et stériles.

Le sentiment de perte que j'éprouve depuis trois mois a éveillé un autre aspect de ma personnalité. Désormais j'aspire à plus de solitude. À la maison, on accepte mal ce genre de réaction. L'isolement ne relève pas franchement du caractère africain... Mais j'ai besoin de ça. Le silence, la réflexion, une sorte de méditation me sont devenus nécessaires. Et en même temps, de façon paradoxale, j'ai envie de rire, de faire la fête et de me donner l'illusion d'oublier.

En fait, j'ai surtout envie de vivre comme une fille de vingt ans. Ni trop grande, ni trop petite. Juste une nana de mon âge. Une de celles qui n'ont supporté aucun deuil, aucun drame. Une vierge, en quelque sorte...

Pourtant la réalité est autre. Quand la souffrance et les tergiversations me poursuivent, je me sens basculer dans la folie.

Comment faire ? Où puiser la force de résister à la dépression et au poids de la tradition ? Je bute toujours sur le même écueil.

Oui, on peut me parler de la misère, des taudis dans lesquels le marché de l'immobilier nous a contraints de survivre.

Oui, je sais qu'il me faut prendre la parole, non pour accuser ni crier ma haine, mais juste pour témoigner, dénoncer des conditions de vie indignes des droits de l'homme et évoquer mes frères, mes sœurs, ma fille, tous des êtres humains que l'on a omis de traiter comme tels.

Oui, je me dois de vivre, de survivre en leur nom, de dépasser cette tragédie, de faire mon deuil et de poursuivre ma route. Mais ce n'est pas tout.

Avant de décider si je retournerai m'installer au Mali, chez mon mari ou ailleurs, seule à Paris, je dois définir ce que j'ai dans le ventre.

Depuis fin août, il s'est passé nombre d'événements qui nous dépassent. La banlieue, les cités ont elles aussi brûlé. Les fils d'émigrés, des pauvres et ceux du « quart monde » ont hurlé leur mal-être. Et bien que je désapprouve leurs actes et leurs méthodes, je le répète, je partage leur malaise.

Fruit de la deuxième génération, excisée dès ma prime enfance, mariée selon un arrangement, mère orpheline contre nature car, à peine sortie de l'adolescence, j'ai déjà dû survivre à l'enfant à laquelle j'ai donné le jour, je suis perdue.

Oui, perdue !

En rupture. En manque d'identité et de repères. C'est surtout ça, en plus du reste et de l'insupportable, dont je souffre.

Alors témoigner, oui.

Dénoncer pour que l'horreur ne soit pas niée ou trop vite rangée dans un tiroir, d'accord.

Mais parler, d'abord. Extérioriser le cri d'une jeunesse bannie, réprouvée, maudite, écartelée entre deux cultures. Exprimer la déchirure. Le dilemme. L'incertitude. Afin de comprendre quelle place la société occidentale mais aussi la tradition de nos ancêtres nous réservent à nous, la deuxième génération de déracinés.

Comment savoir où se niche encore l'espoir ?

L'espoir serait-il une chimère ?

Tandis que je m'éloigne du square George-Balanchine, je rejoins les quais de la Seine. Sous mes yeux, la métropole affirme son caractère futuriste. Dans quelques semaines, quelques mois, l'immeuble où nous avons vécu n'existera plus. Le quartier sera définitivement nettoyé, rénové.

Je n'ose songer à nos logements du dix-huitième. Malgré leur relative propreté et leur confort rudimentaire, avec leur coupe taillée en mini-barre, ils manquent d'âme et de relief.

J'entends déjà les Français rébarbatifs me dire : « Mais si vous n'êtes pas contente, allez voir ailleurs. Dans votre pays, par exemple... »

Le rythme fluvial de la Seine me fait penser au Niger qui traverse Bamako, la capitale du Mali. Ici les péniches, les entrepôts pour les mariniers, le fracassant débit de la circulation routière. Là-bas les pirogues, les crocodiles et l'envoûtante litanie du temps en suspens.

Deux civilisations, deux cultures, deux tempos.

Entre les deux, avide de danses et en recherche d'histoire, une gamine refuse son statut d'adulte. Une gamine cherche sans cesse ses empreintes, la mémoire de son peuple. Passant son temps libre en bibliothèque, cette gamine tente de se construire, de se reconstituer un patrimoine culturel et une identité.

Cette gamine de Fatou ! Pauvre de moi...

En compagnie des djinns pleins de malice qui jouent à cache-cache avec le commun des mortels, cœur chasseur solitaire, je m'évade du réel à la conquête de mes racines, loin, si loin, à l'origine du peuple bambara.

– Première partie –

LE MALI DE MES ANCÊTRES

– Chapitre premier –

LA NUIT DE L'OR

Imagination, fatigue ou magie provoquée par les djinns, me reviennent les histoires transmises par Maïmouna Kadja, ma grand-mère paternelle, selon la grande tradition orale perpétuée par la verve des griots, ces poètes africains qui, à l'instar des baladins, semaient fables et légendes sur leur passage.

Maïmouna Kadja ! Je ne t'ai connue qu'en rêve, à travers le filtre des palabres de nos aïeux, de mon père, de ma mère quand ils me répétaient les secrets que tu leur avais légués. Cependant, ta vigueur, ton dynamisme ont continué de nous éclairer alors qu'à Paris les gens du cru nous prenaient pour des rebuts de l'humanité, des moins que rien venus de contrées non civilisées.

Toujours prompte à défendre notre culture, toi, Maïmouna Kadja, tu soutenais, paraît-il, dès que ton auditoire t'en donnait l'occasion, que « les Noirs ne descendaient pas juste de leurs arbres »...

Selon tes dires encore, notre race avait une autre intelligence, une richesse qui lui étaient propres et dont nous pouvions nous vanter. Le Mali pouvait se montrer fier de son passé, de ses heures de gloire. Mais il fallait s'en souvenir, le dire et le redire aux jeunes afin que le trésor de notre patrimoine ne tombe pas dans l'oubli.

Pendant toute mon enfance, j'ai entendu les plus âgés de notre immeuble me raconter ces contes. Lors de mon récent voyage au Mali, les Anciens que j'ai croisés se sont empressés de me les communiquer à leur tour. Ainsi ce sont les personnes de la génération de ma grand-mère qui m'ont donné le goût d'apprendre et de chercher dans les livres ce que je ne savais pas encore.

Maïmouna Kadja ! Des brumes du surnaturel, ton âme surgit et me parle. Bercée par ton mystère, répondant à un appel profond, je me laisse entraîner dans ces légendes qui jouent avec la réalité et transmettent l'âme d'un peuple.

Longtemps, racontais-tu aux Anciens bien avant qu'ils échouent boulevard Vincent-Auriol, les Maliens furent riches. Grâce à un jeune homme téméraire. Cela se passait quatre siècles avant Jésus-Christ, ou plus. À Koumbi Saleh, la capitale du Wagadou, autre nom du Ghana situé dans le Hodh, l'actuelle république de Mauritanie...

Un matin de printemps, alors que la lune baigne la Voie lactée parsemée d'étoiles, dans l'aube africaine qui arrache les courageux à leur couche bien avant l'apparition du jour, Mamadi, un beau trentenaire à la peau d'ébène, un des fidèles du Tounka, le souverain de l'empire, quitte ses appartements du palais royal.

Vêtu d'une cape de noble facture, il dépasse les demeures de l'aristocratie construites en pierres roses et en bois d'acacia, franchit les portes qui protègent la ville haute et se dirige sans prêter attention aux passants vers le bois sacré où résident les prêtres chargés des cultes.

Inquiet, fébrile, ne sachant quels mots inventer pour convaincre l'un des dignitaires qu'il espère voir, le jeune homme virevolte comme un écervelé quand surgit devant lui, telle une apparition, un auguste géant accoutré d'une ample gandoura.

– Mamadi ! Que me vaut l'honneur de ta visite ? Tu as l'air désarçonné ! Pourquoi n'es-tu pas à remplir tes charges de conseiller des armées ?

– Écoute, Vénérable. C'est à toi que je voulais m'adresser. Hier, dans la soirée, un messager est venu pour nous faire part de l'oracle : il a désigné Sya Yattabaré, ma fiancée, pour être offerte en sacrifice à Bida...

Le Grand Prêtre dévisage son interlocuteur comme pour lire en lui. Selon une des traditions de leur peuple, les Sarakolés, Bida, le dieu serpent, qui vit dans une grotte à lui consacrée, demande chaque année le sacrifice d'une nubile. Nul ne peut y échapper. En échange, Bida assure la protection, la gloire, la postérité et la richesse de l'empire.

– Si tu attends quelque soutien de moi, intrépide guerrier, tu ferais mieux d'y renoncer. La seule chose que je suis habilité à faire, c'est t'aider à accepter la destinée...

– Je ne veux point de ton assistance. Pas plus que de la soumission.

– Alors passe ton chemin...

– On m'a vanté tes pouvoirs...

– Sans doute en ai-je quelques-uns. Mais aucun ne me permet de défier le Serpent Tout-Puissant... En revanche, si tu désires des plantes pour te procurer l'oubli, ça, effectivement, je peux te les préparer.

Désespéré, Mamadi se redresse, salue respectueusement le prêtre et s'éloigne, d'abord d'un pas énergique, puis au pas de course. Il s'écarte des habitations et gagne l'orée du désert, dans ces terres où la poussière ocre et brûlante ne donne naissance qu'à de rares baobabs entre deux pousses d'herbe desséchée.

Peu à peu, Mamadi retrouve son calme et sa faculté de réfléchir. Parvenu au milieu de nulle part, entre savane et soleil, il se jette par terre, embrasse le sol rugueux et se renverse sur le dos, la face tournée vers le ciel. Lentement il se relève et repart à petites foulées vers Koumbi Saleh. Désormais, il sait ce qu'il va faire. Et fi des préceptes, des raisonnements et de la sagesse !

À la nuit tombée, dans un firmament baigné d'étoiles, quatre mercenaires masqués, ceints de pagnes pour signifier qu'ils sont de basse extraction, accompagnent Sya Yattabaré jusqu'à l'entrée de la grotte du dieu serpent.

La peau brillante, les cheveux tirés rassemblés dans un chignon haut perché qui libère sur le sommet du crâne la masse de ses boucles, la magnifique pubère, couverte d'une tunique blanche, ne peut retenir ses larmes.

Soudain, tandis qu'elle s'avance pour se proposer en offrande dans le sanctuaire naturel, un des gardes bouscule ses comparses, la retient par le bras, se démasque et lui barre le chemin de la grotte :

– Sya Yattabaré ! Reste où tu es.

– Mamadi ! Mais que te prend-il ?

– Je t'aime trop pour te perdre. Laisse-moi me battre pour te sauver. Je ne peux me résoudre à te voir ainsi immolée.

– Mais tu risques ta vie !

– Sans toi, ma vie ne représente rien. Périr pour périr, autant tenter notre chance...

Amoureuse elle aussi, tremblant pour l'objet de son affection, Sya Yattabaré tente de persuader son fiancé de renoncer à son projet. Rien n'y fait. Aucun mot tendre prononcé ne parvient à influencer le jeune noble. En guise d'adieu, il étreint sa belle promise puis s'élance dans la grotte.

Sya Yattabaré veut le suivre mais les trois autres hommes masqués, des amis du courageux héros, la maintiennent d'une poigne de fer et l'empêchent de bouger. Trop de dangers la guettent...

Une longue attente commence alors pour chacun.

Armé d'un glaive à la main droite et d'une torche dans l'autre, Mamadi s'infiltre dans le souterrain et remonte le boyau d'argile. Il marche longtemps dans les entrailles de la Terre.

Bientôt, il perd son sens de l'orientation. Il ignore où il se trouve, dans quel lieu, à quel moment de la nuit. L'obscurité l'engloutit. Pourtant, même déboussolé, il continue sa progression. Des heures durant, il chemine. Il ne sent plus ni son corps ni sa tête. Il ne connaît ni la faim ni la soif. Une force surnaturelle semble l'habiter. Un seul mot le hante :

– Souviens-toi, lui a dit un jour son père, l'esprit est le plus fort !

Sans peur et sans question, le vaillant militaire poursuit son équipée quand, enfin, il arrive dans une excavation, une large plate-forme, une caverne aux parois serties d'or qui semblent s'enflammer à la lueur de sa torche.

Tous les sens aux aguets, Mamadi s'arrête net. Une certitude l'envahit. Sa quête est terminée. Là, derrière la roche et les dorures, se dissimule celui qu'il doit affronter. Il respire, reprend des forces, se concentre. Il n'est plus un homme mais un bras, un glaive. Le glaive de justice et de vérité.

Bientôt apparaît le Wagadou-Bida, le serpent aux sept têtes, un monstre tentaculaire vindicatif, gourmand de chair fraîche, les yeux avides de luxure.

Rapidement les deux rivaux s'évaluent. Un regard, un seul ! Et ils se jettent l'un sur l'autre.

Dans un combat immémorial, Mamadi se démène. Une armée se rassemble en lui. Omniprésent, attentif, il scrute les réactions du perfide et ses sept champs de vision. Il anticipe ses réactions. Mais l'autre se montre redoutable.

La lutte se prolonge. Les combattants l'ont compris, pour eux il n'y a qu'une alternative : la victoire ou la mort. Et chacun de se surpasser.

Le serpent multiplie les ruses. Dans la pureté de son âge, le jeune homme, lui, pare aux attaques les plus perverses et désamorce la déloyauté de son ennemi. Durant d'interminables minutes, chaque adversaire tente d'épuiser son opposant.

Le duel frénétique se poursuit.

Mamadi en appelle à la force de son père, à l'amour de sa fiancée. Leurs pensées le soutiennent. Jamais il ne doute. Néanmoins il se sent faiblir. Le serpent Bida, qui a deviné ce moment de faiblesse, ricane et lui crache au visage. Un instant déstabilisé, le beau guerrier cherche à effacer la souillure. Le monstre en profite et le désarme. Le jeune homme prend sa torche dans les deux mains et se rapproche d'une des têtes de l'animal. De fureur, celui-ci siffle de ses sept langues. L'animal est effrayant.

Mamadi se contorsionne, effectue une pirouette, récupère son glaive et, sans hésiter, fend l'air d'un mouvement radical, écimant ainsi trois des têtes de Bida. Toujours aussi déterminé, il répète son geste. Deux autres têtes tombent. Dans un effort surhumain, il reproduit encore une fois sa joute. Bida s'effondre, totalement décapité.

Mamadi se précipite sur lui et transperce ce qui reste du corps de son ennemi. Puis il suspend les sept têtes à la lame de son arme. Titubant, ivre de joie mais aussi de fatigue, il rebrousse chemin. Après une course effrénée, il sort de la grotte. Sya Yattabaré n'ose en croire ses yeux.

Les deux jeunes gens s'embrassent passionnément. À cet instant, le glaive tombe à terre. Les sept faces de Bida explosent comme du cristal. Le sol tremble.

Un bouleversement météorologique se produit.

Une pluie de grains d'or s'abat sur la région. Les comparses de Mamadi poussent des hurlements de joie. La clameur gagne la ville. La pluie d'or continue de recouvrir les ruelles de la capitale, les alentours, le désert, la savane et tout le pays.

L'or que contiendra durant des siècles le sol du Mali vient de ce divin cataclysme, survenu pour couronner la bravoure d'un amoureux intrépide.

⁂

Pendant plusieurs jours, sous cette pluie surnaturelle, les habitants de Koumbi Saleh fêtent la victoire de leur héros. Et chacun de s'extasier :

– Il a osé affronter l'oppresseur, ce Bida qui nous maintenait sous son joug.

– Sa bravoure a rempli notre trésor. Paix et prospérité pour lui et les siens !

Dans une exubérance de danses, de chants, de mets délicieusement préparés, le royaume célèbre les noces de Sya Yattabaré et de Mamadi.

Au terme de ces réjouissances, les deux époux se retrouvent enfin seuls pour ne plus s'adonner qu'à leur passion. Lisses et douces comme l'ébène, leurs peaux brunes parfumées d'essences exotiques expriment mieux que les mots la douceur et la fougue qui les possèdent. Ensemble, main dans la main et chevelures mêlées, tandis que le vaillant Sarakolé chevauche son adorée en admirant les paillettes de lumière qui brillent dans ses yeux, ils atteignent des monts inconnus où le plaisir et la tendresse se confondent.

Cette nuit-là, alors que certains de leurs compatriotes prolongeaient leurs libations, les deux tourtereaux conçurent leur premier enfant.

Leur premier mais pas le dernier. Comme chacun le sait, en Afrique, la fortune d'un homme se chiffre davantage au nombre de ses rejetons qu'à la quantité de ses biens matériels.

Mamadi et Sya Yattabaré vécurent très heureux. Leur progéniture inonda l'empire du Ghana qui s'étendait alors de l'Atlantique à la boucle du Niger, de Ouagadougou au Mandé, de Ségou à Tombouctou, de Gao à Djenné.

Leurs descendants enfantèrent à leur tour. De génération en génération, jusqu'aujourd'hui, les familles se multiplièrent à profusion.

Je suis née de leur sang. Moi, Fatou, Fatouma. Ou encore Hatouma, comme un cri qu'on lance quand on s'envole dans une danse rituelle. Ou Fatoumata, l'Africaine...

– Chapitre 2 –

LE PÈRE DU CLAIR-PAYS

« À l'origine du Mali, me racontait souvent papa quand, petite, je lui demandais d'où nous venions... À l'origine du Mali, disait-il en reprenant inlassablement les mêmes mots que ceux entendus de la bouche de sa génitrice, il y avait un territoire perdu entre les deux fleuves du Sénégal et du Niger, le Soudan occidental, les provinces du Mandé, du Soninké et de Banmanan. Dans ce delta intérieur du haut Niger où se faisait le commerce transsaharien du sel et de l'or vivaient alors les différentes ethnies du Ghana : les Malinkés, les Sarakolés, ancêtres des Bambaras, les Songhaïs et, par-delà le Sahara, les peuples arabo-berbères.

» Selon les dires de nos ancêtres, poursuivait mon père après qu'il se fut assuré de mon attention, l'empire du Ghana a duré jusqu'à la fin du premier millénaire. Ensuite ce fut l'hégémonie du Sosso sous l'égide de Soumaoro Kanté. Puis, au XIe siècle, les puissants Almoravides, ces princes berbères venus du Maroc qui régnaient déjà sur l'Espagne musulmane et l'ouest de l'Afrique du Nord, ont assailli à plusieurs reprises le pays et ont fini par le conquérir. Ce sont eux qui ont entrepris l'islamisation de notre terre.

» Ainsi s'est constitué l'empire du Mali, qui a étendu son influence sur toute la savane de l'Ouest africain, jusqu'à l'Atlantique. Djenné et Gao étaient des centres importants de l'activité artistique, intellectuelle et spirituelle de l'islam soudano-malien. Les rois, les empires, les chefferies se sont renouvelés sans laisser de souvenirs impérissables.

» Jusqu'au jour où...

» Le destin nous a offert le meilleur de ses fils. »

À l'énoncé de ces mots, je souriais. Je souris toujours, d'ailleurs. Et pour cause ! Je connaissais déjà cette légende par cœur. Je l'avais entendue à maintes reprises, de la bouche de l'un ou l'autre. Mais je ne me lassais pas de sa musique...

« Écoutez donc, fils du Mandé, enfants du peuple noir, étrangers, vagabonds, voyageurs originaires des continents du vaste monde, écoutez ma parole, je vais vous entretenir de Soundiata, le père du Clair-Pays, en terre de savane, l'ancêtre de ceux qui tendent les arcs, le maître de cent rois vaincus.

» Je vais parler de Soundiata, Manding Diata, lion du Mandé, fils de Fara Maghan Kégni, fils de Sogolon, Sogo Sogon Simbon Salaba, héros aux noms multiples. Je vais vous parler de Soundiata, celui dont les exploits étonneront longtemps encore les incrédules. Grand parmi les rois, incomparable parmi les hommes, aimé de Dieu, il fut le dernier des grands conquérants. »

*
**

Le muezzin appelle à la prière. Face contre le sol, les fidèles se précipitent pour se recueillir. Sur une des murailles de la cité, un Targui joue avec sa flûte une mélopée d'un autre âge. Sous le souffle de l'harmattan, un de ces vents qui œuvrent dans nos contrées, surgit Soundiata Keïta, le grand, l'illustre.

Descendant de Djon Bilali, adopté par le prophète Mohammed, Mamadou Kanou conçut entre autres rejetons Lawali Simbon qui donna Massa Brémou qui donna Bréma Kouma qui conçut à son tour Fara Maghan Kégni.

En ce temps-là, Fara Maghan Kégni règne sur la région. Roi vieillissant, il n'a pas d'héritier. Le pays est ravagé par un buffle invincible qui se dissimule dans une vieille femme, laquelle se venge ainsi des humiliations qu'elle a subies.

Néanmoins, alors que cette sorcière centenaire pérégrine sous sa forme humaine, courbée par le poids de son fardeau, deux jeunes chasseurs lui viennent en aide.

– Mes téméraires, leur dit-elle, pour vous récompenser de votre geste, je vais vous confier un secret. L'animal que vous cherchez est en moi.

– Brave femme ! se désespère l'un deux. C'est horrible. Vous nous mettez face à un cruel dilemme.

– Non, ne vous inquiétez pas. J'ai un marché à vous

proposer. Mes ans ne me portent plus. Tuez-moi ! Rapportez-moi à la cour comme un trophée. En échange de la gloire que vous en retirerez, promettez-moi seulement d'épouser une femme aussi défavorisée et aussi méprisée que moi, Sogolon Koudouma, Sogolon la bossue.

Effrayés, ne sachant à quel saint se vouer ni comment échapper à ce sort sans trahir leur engagement, les chasseurs acceptent, accomplissent leur besogne et se présentent devant le roi pour déposer à ses pieds trophée et fiancée.

À peine ont-ils franchi le seuil du palais royal et la grande salle des audiences que prêtres et devins s'esclaffent en se prosternant devant la misérable disgraciée :

– Voici Sogolon ! Sogolon, la future mère du sauveur du Mandé, d'après les oracles.

Le conseiller du roi s'approche de Fara Maghan Kégni et lui explique le rôle de cette curieuse invitée dans l'avenir. Le roi comprend à demi-mot. Obéissant alors à ce qui lui est dicté, sans se soucier de l'ahurissement général de la cour, sa majesté annonce à la cantonade :

– Sogolon, viens à moi. Je désire m'unir à toi.

La même année, Sassouma, la première épouse de Fara Maghan Kégni, conçoit Dankaran Touma tandis que Sogolon donne naissance à Soundiata, un petit paraplégique.

Le roi meurt. S'ensuivent rapidement des querelles. Le fils de Sassouma accède au trône. On relègue Sogolon et son fils dans l'arrière-cour du palais.

Après sept années passées à ramper, exaspéré d'entendre les calomnies que l'on adresse à sa mère, Soundiata parvient un jour à se redresser, à se lever et à marcher.

Bien décidé à faire cesser les affronts, le grabataire se transforme en lion. Dans sa détermination, il arrache même un baobab pour imposer le respect. Informés de ses exploits, le jeune roi et Sassouma, sa mère, prennent peur et contraignent Soundiata et Sogolon à s'exiler dans des contrées lointaines.

Commence alors une interminable odyssée. Accompagné de sa génitrice, notre jeune héros voyage de cour en cour, connaît de belles amitiés, s'initie à l'art de gouverner, de palabrer, et devient de plus en plus brillant.

Comme le pays décline, Sassouma et Dankaran Touma sollicitent l'aide d'un autre roi, un magicien sorcier du Sosso. À ce moment-là, le royaume sombre encore plus dans la déchéance. Les dignitaires de la cour se souviennent de Soundiata et l'appellent à la rescousse pour libérer le pays.

Entre 1228 et 1235, Soundiata livre quatre batailles par la force mais aussi par la ruse. Enfin, il obtient victoire. Et bientôt ce nouveau roi fédérateur rassemble les généraux ainsi que tous les nobles de l'empire pour créer les fondements d'une société durable.

Dans cette société, il constitue une trentaine de clans parmi lesquels se distinguent seize clans d'hommes libres appelés Tontigui, les porteurs de carquois ; quatre clans de griots, les poètes musiciens ; cinq clans d'artisans, dont les forgerons féticheurs qui possèdent la maîtrise du travail du fer ; cinq clans de marabouts, détenteurs de l'autorité religieuse et des pratiques magiques ; enfin le dernier, le clan des esclaves.

Selon les principes que Soundiata Keïta instaure, la tradition souligne l'importance des dépositaires de l'histoire afin que le nom du pays, le Mandé, parvienne aux générations futures. Elle interdit aussi les mariages interclaniques, non pour affirmer la supériorité d'un clan sur l'autre mais pour préserver la structure sociale. Elle prône la valeur essentielle du travail : seul le labeur d'un homme honore celui-ci. C'est ce message que délivre la chanson composée en 1255 à la mort de Soundiata. Une chanson que l'on entend encore aujourd'hui et que l'on chante avec entrain, comme un hymne : « Que ceux qui savent cultiver s'adonnent à l'agriculture. Que ceux qui savent commercer s'adonnent au négoce. Soundiata s'en est allé. »

Nous, Maliens, nous gardons à jamais en nos cœurs le souvenir, la mémoire du valeureux, le défavorisé, le malingre Soundiata devenu par la force de l'esprit le plus brave parmi les braves.

Saurai-je me souvenir de son exemple, dans la lente reconstruction que j'entreprends ?

– Chapitre 3 –

LES CAPRICES DU FLEUVE JOLIBA

Après Soundiata Keïta, le Mali et ses provinces connurent maintes joies mais aussi nombre de déceptions, souffrances et remous. L'anarchie submergea déserts, vents, savanes, côtes et marées.

Au cours du deuxième millénaire survinrent les bateaux négriers. Et avec eux l'insécurité, la peur, le désarroi, la terreur de perdre les êtres chers.

La chasse à l'homme, la traite des Nègres constituèrent une manne providentielle pour des roitelets qui n'eurent que l'autoritarisme et non la noblesse de leurs titres. Le prestige de la monarchie d'antan disparut.

Selon le rythme de la transhumance, les populations bougèrent et se regroupèrent autour du fleuve Niger appelé aussi Joliba. Au gré des nécessités, ils le remontèrent, le redescendirent et firent l'histoire sans se soucier du courant naturel de ce fleuve.

En octobre 2005, de retour au pays après une longue absence, je voulais vérifier de mes yeux les leçons glanées au hasard des lectures et des rencontres, partir sur la trace des brillants hommes de sciences et de savoir qui ont donné à notre patrie ses lettres de noblesse. Hélas les circonstances ne s'y prêtaient pas. Je n'ai réalisé qu'une infime partie du périple souhaité en visitant les alentours de Kayes et de Yelimane, le village natal de ma famille, au nord-ouest de Bamako à proximité du fleuve Sénégal.

Cependant, à force de questions posées à mon entourage, puis sur place à l'oncle Kaou qui m'a reçue au Mali, je connais la force de notre histoire... Les Européens croient que nous sortons de la brousse et d'horizons sauvages. Pourtant, sans nous comparer aux civilisations de Rome, d'Athènes ou de Carthage, nous possédons un passé. Nous ne sommes pas rien que des brutes farouches. Nous sommes une grande nation. Un peuple vaillant et redoutable qui a eu droit aux honneurs, au renom et aux lauriers...

Comme je n'ai pas pu accomplir le circuit qu'il m'aurait plu de suivre, j'ai pris une carte du Mali et j'ai imaginé le voyage que je rêve d'effectuer un jour...

*
**

Autour de Bandiagara, non loin des frontières actuelles du Burkina Faso, sur une quarantaine de kilomètres s'étendent quelque treize villages perchoirs si imbriqués dans les roches des falaises que l'œil néophyte ne parvient pas à les distinguer. Là vivent les Dogons, des êtres fort pointilleux quant au respect de leurs coutumes. Installés dans cette région depuis le XIe siècle, les Dogons, dont on ignore l'origine mystérieuse, tiennent à leur indépendance qui frise souvent l'autarcie et se défendent jalousement des incursions extérieures.

Pour les Dogons, Amma, le Verbe de Dieu, a créé l'univers. Il a engendré des jumeaux, Nommo, le dieu de l'Eau, maître de la vie, de l'harmonie, et le Renard Pâle, manifestation de la révolte, de l'inceste, du désordre, de l'insubordination et du chaos. Ces deux entités contradictoires mais complémentaires régentent les aspects de la culture et de la vie matérielle de ce peuple très attaché par ailleurs au culte des morts et aux rituels funéraires.

Chacun de leurs hameaux se compose de cases d'habitation rectangulaires avec des toits en terrasses, de greniers à mil coiffés d'un « chapeau » de paille conique, de cases rondes destinées aux femmes pendant leur période menstruelle et de la togouna, la case à palabres, qui possède un toit anormalement bas. La légende dit que si l'un des débatteurs se fâche et perd le contrôle de lui-même, il se lève et se cogne la tête au plafond, ce qui lui remet les idées en place. Les Dogons sont des sages...

*
**

Toujours bercée par les commentaires de mes aînés que je garde précieusement en mémoire, j'imagine l'immensité des steppes désertiques où entre deux oasis s'érigent un village, une citadelle, une mosquée hérissée de pieux en bois plantés sur ses flancs qui donnent une allure si spécifique à ce genre de monuments. Puis je survole Djenné, Gao, les anciens centres de l'empire du Mali, avant de m'approcher de Tombouctou, le foyer de la pensée et de la foi islamiques, qui joua de son influence à la tête du pays afin d'en devenir la capitale dès le XIIIe siècle.

Pour beaucoup, cette merveille en plein désert n'est pas sans rappeler l'envoûtant éclat de Pétra, en Jordanie. Aujourd'hui on y accède en avion mais, jadis, on y pénétrait en priorité à pied ou à dos de chameau, au gré des caravanes.

En lisant les descriptions de l'époque, j'ai toujours tendance à m'imaginer en héroïne d'une de ces aventures dignes des *Mille et une nuits*. Telle une princesse d'un lointain royaume, j'arrive aux portes de la cité légendaire dans un riche palanquin porté par ma garde personnelle. Nul ne peut me voir mais tous les hommes rêvent de moi.

Derrière ma belle personne progresse le lent défilé des nobles, des soldats, des porteurs, des chameaux qui composent notre caravane en provenance de Gao.

Soudain, aux abords de Tombouctou, des brigands nous attaquent.

– Au secours ! crient mes servantes. À l'assassin !

À ces mots, un vent puissant se lève. Surgissent d'une nuée de sable les chevaliers du désert qui brandissent leurs glaives étincelants dans le soleil. Une bagarre s'ensuit. Les braves gagnent sur les bandits qui sont rapidement mis en déroute. Mon escorte les félicite. Quand, enfin, je me décide à entrouvrir les tentures qui me cachent aux indiscrets, à travers mes voiles j'aperçois le plus beau des guerriers.

Coup de foudre réciproque ! Nos âmes convolent, éperdues.

Après une courte escale à Tombouctou qui protège nos amours, nous repartons pour les terres de mon père afin qu'il bénisse notre union.

D'accord, ça ressemble un peu aux *Feux de l'amour* dans la savane mais, de temps en temps, je ne suis pas contre... Il n'y a rien de mieux, pour se détendre, s'amuser, rigoler, que de créer un monde où l'irréel l'emporte sur la réalité.

À défaut de voir autour de nous des films, des fictions, des journaux se développer avec le peuple noir comme héros, nous sommes bien obligés de nous inventer nos propres chimères... Les Africaines adorent lire ce genre de romances. Elles feraient mieux, pourtant, de se souvenir du fabuleux rayonnement intellectuel de certaines de leurs villes. Ainsi Tombouctou...

Joyau parmi les joyaux, Tombouctou marqua l'histoire par son rayonnement international dès l'époque médiévale. Avec ses cent mille habitants dont vingt-cinq mille étudiaient dans son université et ses cent quatre-vingts écoles coraniques, sa gloire, sa réputation voyageaient aux confins de l'inconnu. Il arrivait même que Al-Azhar, la célèbre université musulmane d'Égypte, la référence parmi les références, invitât des professeurs de Tombouctou, preuve de l'indiscutable savoir de ces maîtres.

Hormis ses exploits intellectuels, la métropole d'antan représentait une place de ralliement commercial où se côtoyaient les chameliers du Sahara, les bateliers du Niger, chacun apportant sa monnaie d'échange, le sel, les épices, la soie, le cuivre, l'étain, les métaux les plus précieux, l'ivoire, les noix de kola. Il paraît même que l'on payait des tissus du Maroc bien plus cher que leur valeur – en particules d'or – et l'on achetait pour un morceau de sel les légumes et les fruits bon marché qui s'amoncelaient sur les étals.

Aujourd'hui ne subsiste de cette splendeur que la mosquée de Djingareiber, construite sur les fondations de celle commanditée par Kankan Moussa, le roi célèbre pour ses treize tonnes d'or dépensées lors de son pèlerinage à La Mecque au XIIIe siècle. Une mosquée, un profil de pierres qui touche les esprits à jamais. Et, sur tous ces vestiges, un parfum de séduction et de mystère.

L'indéchiffrable frontière d'un univers plein de songes à la lisière du réel, de désirs ancestraux, de promesses insensées.

Tombouctou, la porte du désert.

Tombouctou, la porte d'un monde secret.

*
**

Au cours du XVe siècle, les armées arabes de Sonni Ali et d'Askia Mohammed continuèrent de répandre l'islam à travers la savane. En 1591, le sultan du Maroc, séduit par la richesse du pays, envoya ses troupes démanteler l'empire du Mali et, après sa victoire, installa son représentant le pacha à Tombouctou.

Aux XVIIe et XVIIIe siècles, le désintérêt des sultans du Maroc et le morcellement du Mali permirent la naissance de petits États et leur essor. Parmi ceux-là, Ségou...

Au XVIIe siècle, comme un mirage irradiant des dunes de la solitude et de la désespérance, s'éveilla Ségou, fruit de l'opiniâtreté des Bambaras, le peuple le plus important – numériquement s'entend – du Mali, constitué principalement d'agriculteurs et de forgerons qui entretenaient avec les Bozos, des pêcheurs dans l'âme, des relations harmonieuses et constructives.

Et je ne résiste pas au plaisir de raconter comment émergea la population bambara à Ségou... L'anecdote est digne d'une bande dessinée.

Jadis les deux frères de Lawali Simbon – un des ancêtres de Soundiata Keïta –, disgraciés et écartés du trône au profit de leur benjamin, décidèrent de prendre la fuite, de partir à l'aventure et d'instaurer un nouveau royaume dans un pays où l'on reconnaîtrait leurs mérites à leur juste valeur.

Habillés de pagnes, un baluchon contenant leurs maigres effets en bandoulière, ils sautèrent dans la pirogue dont ils se servaient habituellement pour aller à la pêche. Afin de mettre rapidement de la distance entre eux et leur ville natale, Simbon et Simbon se mirent à pagayer comme deux fous.

Seulement, durant leur fugue, leur pirogue non conçue pour ce genre de périple heurta un caillou et prit l'eau.

– Écope, écope ! hurlait l'aîné à son complice.

– Écope toi-même, répondit son frère.

– Ça ne servira à rien, remarqua le premier. Nous sommes perdus.

– Tu es incroyable ! Pourquoi déprimer ?

– Mais nous ne savons pas nager !

Alors qu'ils se demandaient comment se sortir de ce pétrin, leur embarcation, comme si une main divine la guidait, s'échoua sur les rives d'une rivière, les sauvant ainsi d'une fin tragique. Ils décidèrent alors de se fixer à l'endroit où le destin les avait attirés, non loin d'une ville purement magique : Ségou.

Dès lors, Simbon et Simbon héritèrent du surnom de Kouloubali, une contraction de Koulounyoubali : « l'embarcation les en a empêchés ».

C'est de ce quolibet que jaillit un peuple...

Les deux frères donnèrent en effet naissance à une généreuse et prolixe progéniture qui au fil du temps prit le nom de Coulibaly, un nom encore très prisé de nos jours dans notre patrie.

Ségou, la gracieuse. L'espiègle. La futée. La fourbe. La richissime. Avec son agriculture et sa pisciculture, le grenier de l'Afrique occidentale. Ses villages de cases cubiques en banco, c'est-à-dire en argile. Ses champs de mil. Ses sikoros, les arbres à karité. Ses places à l'ombre d'un manguier, l'arbre sacré des ancêtres. Le feuillage insensé de ses quatre mille quatre cent quarante-quatre balanzans qui guidait à la saison sèche le voyageur vers l'avenue principale de la cité.

Autour d'elle, en elle, se dessinaient jardins fleuris et habitations en banco rouge agrémentées de carrés, ces cours où se retrouvaient les familles pour palabrer.

La palabre ! L'amusement par excellence de l'Africain. Je te chicane, tu me chicanes. Je rigole. Tu me taquines. Je riposte. Cela dure des heures. Rien dans nos dires n'est pris au sérieux. Excepté par les Toubabs, le surnom que l'on utilise pour nommer les Blancs raisonneurs à la triste mine. Pendant ce temps, nous nous distrayons.

Lors de ces palabres, on parlait de tout, de rien, des récoltes, des soldats perdus qui, comme dans un jeu de marionnettes, élisaient et détrônaient les rois au gré de leurs enivrements.

Ségou, la confuse, l'irascible, la versatile. Tes roitelets successifs gangrenèrent ton paradis.

En 1766, Ngolo Diarra, un esclave affranchi des Coulibaly, mit fin au règne de terreur des soldats dépravés et instaura une nouvelle lignée. Les fils de ce Diarra dont Damasso Diarra, un ancêtre de ma famille, agrandirent les territoires de cette ville souveraine. Ségou connut alors un court instant de renouveau.

Hélas, dès 1861 Ségou subit d'autres assauts, celui du djihad proclamé par Hamadou, le chef des Peuls du Massina, et par El Hadj Oumar, le roi des Toucouleurs originaires des rives du Sénégal, lui aussi adepte de la religion musulmane. Ces deux-là s'affrontèrent pour gouverner et imposer la meilleure façon de convertir les peuplades avoisinantes. Pendant des années, les différentes troupes se défièrent. Des torrents de sang abreuvèrent la terre et les fleuves.

On parle de la férocité des combattants d'alors. Certes il y eut des atrocités. Mais dans les livres de l'histoire de France, si j'ai retenu le courage de « nos ancêtres les Gaulois » en proie à la barbarie des Romains, j'ai aussi noté la cruauté dont firent preuve au temps d'Henri IV catholiques et protestants qui s'offrirent en sacrifice pour leurs religions.

L'Afrique, le Mali n'ont pas échappé à cette croisade de la guerre sainte pas plus qu'ils ne furent à l'abri des dictateurs ou des chefs avides de pouvoir. Ça ne fait pas de nous des sauvages pour autant...

Ce conflit persistait quand il en éclata un autre, plus menaçant, avec l'arrivée des troupes républicaines françaises.

Durant une courte période les anciens adversaires s'allièrent contre l'envahisseur, mais leurs divisions et leur manque de cohésion constituèrent un obstacle à la résistance.

De 1880, date de l'invasion française, jusqu'en 1898, il ne resta qu'un seul grand chef de guerre, l'invincible Saimory, pour tenir tête aux colons. Une fois celui-ci vaincu, la conquête se poursuivit sans obstacles. Tombé sous l'autorité étrangère, le pays vit la fin de sa splendeur et devint colonie française. Le peuple bambara, qui refusait toute forme de domination, se réfugia alors dans une longue somnolence...

Bambara de ma race ! Joyeux drille et doux songeur. Tu puises dans le rêve ta substance vitale. Selon toi, l'être humain possède une âme, le *ni*, un double, le *dya*, mais aussi une force néfaste, le *wanzo*, qui se loge en priorité dans le prépuce masculin ou le clitoris féminin. Sans doute l'excision et la circoncision viennent-elles de ces croyances-là.

Pendant le sommeil, l'âme quitte le corps et crée ses propres pensées, prémonitions ou réminiscences. Après la mort, les différents éléments de la personne se séparent : le *dya* reste dans l'eau jusqu'à la naissance d'un autre enfant, le *ni* s'enfuit avec le dernier souffle.

Jadis, du temps de la splendeur de Ségou, alors que les Bambaras se vouaient au fétichisme, ils se protégeaient des lubies des dieux en procédant à des rituels sacrificiels et en se parant de grigris fabriqués par les forgerons.

Bambara de ma race ! Joyeux drille et doux songeur. Éclairé dorénavant par la foi musulmane, tu marches vers ton avenir quelle que soit la puissance qui te gouverne.

En attendant une résurgence de ton glorieux destin, le Mali continue de pousser et de croître. Et avec lui, une belle métropole, Bamako, que j'ai, elle, vraiment pu connaître après l'enterrement des miens.

*
**

Délimitée par des falaises et des collines de grès, des murailles de terre naturelles qui la préservent des vents du désert, Bamako a littéralement basculé de l'ère néolithique aux temps modernes sous la colonisation française. Après avoir végété comme un gros bourg de six cents habitants jusqu'à la fin du XIXe siècle, elle est devenue le quartier général des forces d'occupation du Sahel, puis du Soudan français, et enfin le centre du pays et sa capitale.

L'occupant et les gouvernements successifs de la République française s'approprièrent alors les ressources du Mali, à commencer par son or, qu'ils ne renoncèrent à exploiter qu'à l'épuisement du filon...

Les décennies se succédèrent. Les guerres aussi. Les plus terribles, 1914-1918, 1939-1945. Chaque fois, la France recruta dans ses colonies le nombre nécessaire de fantassins pour la défendre. Les Africains trépassèrent au champ d'honneur, anonymes et inconnus. Et le Mali – pardon ! le Soudan français – se dépeupla et s'appauvrit.

Sonna l'heure de l'indépendance en 1960, et plus récemment l'heure de la démocratie, avec l'évolution intellectuelle qui en découle. Mais le pays restait pauvre et nombre de ses enfants se sont envolés vers le Nord, dans des contrées où le froid sévit. Dès les années soixante-dix, les jeunes y ont même débarqué, en France notamment, à l'affût d'un travail.

Version inversée de la colonisation, l'immigration.

Dans ces années-là, à Paris, les jours de paie, les hommes se précipitaient dans les boutiques qui longeaient les grands boulevards et s'achetaient des costumes « pat d'éf », pattes d'éléphant, pour aller faire les beaux à *La Main jaune* ou dans des boîtes similaires afin de se retrouver entre Africains. Et quand ils revenaient au pays, ils paradaient dans leurs nouveaux vêtements afin de montrer leur bonne fortune...

Des enfantillages, bien sûr, mais aussi une façon de se montrer fiers des succès remportés contre vents et marées.

J'ai visité Bamako. Avec son architecture coloniale, son marché rose, jadis un des plus renommés d'Afrique, ses bâtiments futuristes de l'Assemblée nationale ou du palais des Congrès, ses maisons serties de « carrés », de cours, de patios. Et son âme ancestrale.

Ici, le modernisme n'a pas flétri l'être humain. Ici, s'organise la résistance culturelle des descendants des grands empires. Mais comment ? Simplement en entretenant l'art de la palabre. À l'ombre d'un manguier. Autour d'un thé à la menthe. Les Bamakois se retrouvent et discutent jusqu'à tard dans la nuit dans ces cours intérieures, ces oasis à ciel ouvert, et ils continuent d'exister comme du temps où Bamako n'était qu'un village, à l'abri des contingences de l'actualité.

*
**

À quelques mètres de là coule le fleuve Niger. Impérial. Puissant. Splendide. Tel qu'il fut jadis, tel qu'il sera demain et dans les décennies à venir.

Par son cours, le fleuve Niger nous transmet sa force et sa sagesse. Par son cours, le fleuve Niger a fait des Maliens un peuple fier, dur à la tâche, parfois réprimé mais jamais soumis.

Par son cours, le fleuve Niger m'a éduquée. En vénérant la source de vie qu'il insuffle, j'ai aimé apprendre son histoire, celle du Mali, de ses ethnies, de ses clans et de leurs aventures.

À travers ces leçons puisées au fil des livres, des confidences et de mes pérégrinations, j'ai souhaité vous raconter le lent cheminement de mon peuple. Non pour faire la fière. Juste pour montrer que nous existons. Pour dévoiler les richesses qui sont les nôtres, notre culture, notre foi, nos espoirs.

On dit toujours que l'on ne connaît pas l'étranger. Mais quel est-il ? Un être étrange ou une personne que l'on n'a pas pris la peine de découvrir ?

Afin de couper court à ce genre de malentendu, de poursuivre le récit de mon propre parcours, je tenais à nous définir, à dévoiler ces Maliens qui partent de Bamako, de leurs hameaux, de la savane pour rejoindre la civilisation occidentale dans l'unique but de trouver un moyen de subsistance pour leurs familles au bord de la famine, laissant derrière eux certes l'indigence mais aussi un univers de tradition, de proximité des êtres humains, d'entraide véritable au milieu des disputes sonores qui font presque partie de nos rites, autant d'atouts qui épargnent à la pauvreté la véritable misère.

– Deuxième partie –

L'AFRIQUE SUR SEINE

– Chapitre premier –

L'ITINÉRAIRE DU PATRIARCHE

Printemps 1976

Dama regarde son domaine comme s'il ne devait jamais revenir. Il contemple la forge remplie de bijoux et d'ustensiles à réparer. Il traverse l'établi puis se dirige à l'arrière, à l'ombre des tamariniers où il a installé l'atelier de poterie, là où Wandé, sa femme, fabrique des canaris, ces poteries en argile qui servent de bol pour boire et manger.

Dama, qui appartient au clan des Diarra, vient de fêter ses vingt-six ans. Il a pris depuis peu une décision qui doit changer le cours de son destin. Dans quelques heures il va quitter son foyer, Yelimane, son village perdu en pleine brousse. Il va laisser Wandé, son fils et sa fille en bas âge pour tenter l'aventure ailleurs. Disons, plus modestement, qu'il va partir travailler dans un pays étranger afin de subvenir aux besoins des siens.

Dama et Wandé sont mes futurs parents. Moi, je ne fais pas encore partie de ce monde.

Aujourd'hui, je connais leur vie. Ils me l'ont racontée. Servant de témoin, je livre leurs souvenirs à mon tour. Longtemps j'ai cru que mon rôle se limiterait à les transmettre à mes enfants. Aujourd'hui, par la force des choses, je souhaite élargir l'auditoire, afin de préserver la mémoire d'une tragédie...

Mais n'anticipons pas, revenons en 1976.

Un Mali au bord de la faillite, en proie à des périodes de sécheresse écrasante de plus en plus longues et régi par une politique économique désastreuse, n'encourage pas à rester sur place. En outre, Dama est fils unique. Le dernier de son père, le dernier de sa mère. Avant lui, trois grandes sœurs. Cela signifie que sa famille appartenant à la dynastie des forgerons ne peut compter que sur lui. Or ce gagne-pain ne lui apporte plus assez de bénéfices. Un autre clan composé de beaucoup d'enfants s'est installé non loin de chez lui et a appris le métier. Dama ne peut plus faire face à cette concurrence. Il doit partir, chercher sa subsistance et celle des siens ailleurs.

Comme les aïeux qui les ont précédés, son père, sa mère, sa femme vont continuer d'exercer tant bien que mal leur métier à Yelimane, là où ils habitent depuis des générations, à une journée d'automobile de Bamako.

Mais Dama a une mission différente, il doit se procurer des revenus complémentaires. C'est normal. Si sa charge de bijoutier-forgeron ne suffit plus à nourrir la maisonnée, son devoir lui dicte de trouver d'autres moyens pour remédier aux problèmes perpétrés par la sécheresse sans cesse plus envahissante et à la misère qu'elle provoque.

La misère ?

Dama contemple le paysage autour de lui, sent la chaleur de maître Soleil, le roi tyran. Il observe la flore, la faune, les enfants qui jouent dans le carré. Il entend au lointain les commères palabrer.

Est-ce cela, la misère ? Il ne saurait dire...

Quant à la sécheresse, oui, il connaît. Planté au sud du Maghreb jusqu'au Tchad et au Cap-Vert sur des milliers de kilomètres, le Sahel – mot arabe pour traduire *le rivage*, la frontière entre les zones irriguées et celles sans sève du désert – gagne sans cesse du terrain. Certaines familles connaissent la disette, d'autres la famine. On ne peut ignorer ces phénomènes ni les signes du climat et de la nature. Il faut agir, réagir, préserver ses proches. Même au prix de l'exil.

Dama aimerait que le temps s'arrête là. Dama aimerait revenir à l'époque des grands empires, quand les Bambaras n'avaient besoin de personne. Dama aimerait s'asseoir sur la natte et admirer le vol des étourneaux qui remontent vers le Nord. Mais il sait qu'il ne peut plus s'offrir ce luxe.

Wandé vient à sa rencontre. Dama lui sourit. Il la prend dans ses bras. La jeune femme à peine âgée de vingt ans cache mal son étonnement. Son époux ne l'a pas habituée à ce genre de démonstrations au grand jour. Mais le moment n'est pas banal. Pour taire le trouble qui l'envahit, Wandé se réfugie dans le jeu des questions.

– Tu as tes affaires ?

– Je suis prêt. Je vais bientôt me rendre à l'arrêt du taxi-brousse.

– Tu as salué les Anciens ?

– Ne te soucie de rien. Tout va bien se passer. Et toi ? Les enfants ?

– L'harmattan va continuer de souffler et les lunes de se succéder, répond Wandé, évasive...

Dama resserre son étreinte. Il respire l'air chaud chargé d'épices qui s'échappe de la cuisine à ciel ouvert située derrière l'habitation. D'un pas décidé, il s'éloigne soudain sans se retourner afin de ne pas entamer son courage.

Muni d'un sac léger, il marche bientôt sur la piste, dépasse les tentes des Touareg, les nomades du désert qui campent à la périphérie du village, et il saute dans le véhicule qui le transporte vers la civilisation.

Arrivé à Bamako, il séjourne une journée chez un oncle. Le lendemain, il prend place dans un camion en direction du Maroc.

Après huit jours passés à Casablanca, il trouve un autre convoi pour la Libye. De là, il se rend à Tunis. Chaque fois il réside chez des cousins de cousins, des villageois qui ont eux aussi tenté l'expérience de l'exode. Comme à son habitude, il regarde, il observe, il essaie de voir si ça va marcher pour lui, ici... ou là.

En vain... Le déclic, le signe qu'il attend ne vient pas. Il poursuit sa migration.

Après une nouvelle semaine de prospection, Dama s'envole pour Lisbonne. Mais là encore, malgré la gentillesse des Portugais et le charme de la grande ville baignée par l'Atlantique, son expédition ne lui donne pas satisfaction. Il lui faut pousser encore plus avant, plus au Nord. Il juge bon alors de rejoindre la France et sa capitale.

Parvenu à destination, Dama demande de nouveau l'hospitalité à des cousins dans le onzième arrondissement.

Mais avant même de s'installer, il prend du temps pour observer les rues de cette mégalopole, l'agitation de fourmis qui y règne, ses immeubles beaucoup plus élevés que sur le continent africain, l'absence de grands espaces. En 1976, toutefois, certains coins de Paris ressemblent encore à des villages et demeurent à proportion humaine. Néanmoins Dama ressent un fort dépaysement nourri d'une fébrile curiosité et d'un irrésistible attrait pour ces nouveautés.

Ses cousins habitent un quartier populaire, avec de drôles de personnes qui se présentent comme des « Parigots », des jeunes chevelus, un peu bizarres ; et d'autres encore, plus inquiétants, qui hurlent au *« no future »* et se revendiquent « punks ». Mais aussi et surtout, une faune bigarrée originaire de multiples horizons d'Afrique, du Pakistan, de Turquie...

Dama apprécie cet incroyable souk. Il comprend que sa quête arrive à son terme et qu'il va poser ses valises sur cette terre d'accueil, une terre d'accueil à l'origine de la colonisation du Mali avec laquelle il a un passé en commun et dont le mode de vie lui semble singulièrement familier. Il décide donc d'y tenter sa chance et d'y élire domicile. Rapidement, il trouve du « boulot », beaucoup de boulot.

En ces années-là, la France qu'il découvre déborde d'offres d'emploi. Ça tombe bien. Dama a de l'enthousiasme, du zèle et de l'énergie à revendre. Il collectionne les engagements. À l'aube, il se rend à l'usine où il a décroché un poste de manœuvre. Le soir, après sa sortie, il rejoint un de ses compatriotes bijoutier et il l'aide à ciseler des pièces d'orfèvrerie.

En ce début de juillet 1976, Paris lui offre une belle vision de l'existence à l'européenne. À la terrasse des cafés, les consommateurs bavardent et s'amusent. Des filles court vêtues se baladent en souriant, l'œil joyeux. Les hommes se retournent et les suivent en échangeant avec le jeune Malien des regards complices. Dans le métro ou au coin des rues, des jeunes jouent de la guitare. Un air de fête submerge les faubourgs de la capitale.

La canicule estivale laisse croire à Dama qu'il n'est pas très éloigné de ses racines. La sécheresse, la langueur causée par cette chaleur donnent à ces mois d'été un élan de folie.

Quels que soient les lieux que côtoie Dama, on le reçoit avec cordialité. Dans l'immeuble où il dort, les Français, de jeunes étudiants qui résident là, se montrent accueillants, prompts à la discussion. Parfois, ils l'invitent même à partager leur dîner. Cela lui permet de parler du pays, de ceux qu'il aime, des recettes de mil, de riz au poisson et de couscous, et de découvrir des saveurs inconnues, des plats aux noms curieux, des spaghettis à la napolitaine, de la fondue bourguignonne, des choux-fleurs sauce Béchamel.

En comparaison de ses autres étapes, Dama trouve la France à son goût. Bien sûr, il fréquente en priorité la communauté africaine avec laquelle il partage davantage d'atomes crochus. Mais comme les gens « de couleur » représentent une minorité et remplissent les fonctions dont les Blancs, les « Toubabs », ne veulent pas, il n'y a aucun problème avec eux. Les rapports interethniques demeurent conviviaux. Mieux : chaleureux.

En 1976, la France est sympa. Les gens se montrent gentils, décontractés. On ne ressent aucun racisme dans les rapports humains. Et l'on trouve du boulot partout.

Du boulot, toujours du boulot...

Dans le métro, les Africains deviennent conducteurs, agents de maîtrise chargés de surveiller la fermeture et l'ouverture des portes des wagons... et aussi balayeurs.

À cette époque, le spectre du chômage ne menace pas encore. Dans ce pays riche, quand on montre du cœur à l'ouvrage, on trouve des emplois « à gogo ». On utilise beaucoup de personnel. Les machines n'ont pas remplacé l'homme...

En plus de l'usine, mon père apprend la cuisine locale et se lance dans la restauration : pendant le week-end, en dehors de ses horaires d'usine et de bijouterie, il dépanne un traiteur. Pour son nouveau patron, il confectionne quatorze sortes de canapés. Quatorze canapés ! Quelle fierté pour un homme qui, quelques mois plus tôt n'y connaissait rien en cuisine et ne savait même pas ce que le mot « canapé », dans ce domaine, voulait dire !

Aussi fervent au labeur que dans sa prière à Allah, Dama multiplie les fonctions. Il ne compte pas les heures. Ce n'est pas la peine. Aucune loi alors ne régit le temps des employés. C'est une bonne période. L'argent garde toute sa valeur, tout son pouvoir d'achat. On sait pourquoi on se lève le matin. On a l'impression de servir à quelque chose. C'est gratifiant.

En 1979, Maïmouna Kadja, la mère de Dama, décède. Pour la circonstance, l'immigré revient au pays. En 1980, 1981, 1984 et 1987 aussi. Des enfants voient le jour dont moi, Fatou, en 1985.

Chaque retour permet de grandes retrouvailles. Dama renoue avec le rituel ancestral, les palabres avec les villageois, les fêtes religieuses, la circoncision d'un garçon, l'excision d'une fillette.

Le soir, dans la cour, alors que les mômes des alentours et les voisins s'agglutinent sur une natte en sirotant du thé à la menthe, Dama raconte les potins parisiens. Il se permet même quelques moqueries au sujet des Toubabs. Histoire de rire, rien de bien méchant. Car seule compte la joie d'être ensemble et de lancer des plaisanteries.

Rasséréné par ces séjours, Dama regagne les cieux gris, les matins tardifs, les pluies de l'automne, les soirées frisquettes de la saison hivernale. Il travaille toujours aussi dur. La pensée de sa famille lointaine le porte et le soutient dans ses efforts et dans sa tâche. Régulièrement, il envoie une grosse part de son salaire pour sustenter les siens, aider les amis du village et pourvoir au financement de certains projets lancés par la mairie de Yelimane.

*
**

Au fur et à mesure que les années passent, que d'autres voisins suivent son exemple sur la route de l'immigration, grandit en Dama l'envie de faire venir les siens auprès de lui.

Portée par trois décennies glorieuses, des années soixante aux années quatre-vingt, l'économie de la France semble continuer sur sa lancée. En tout cas, on veut le croire. Il n'existe encore aucune raison apparente pour que la manne se tarisse. Le sida a bien fait son apparition et menace de son spectre cette joyeuse insouciance mais, sur ce sujet comme sur les autres, on se refuse à être alarmistes. Le malheur ne regarde que les autres. Chacun se sent le droit d'accéder à sa part de paradis, de toucher les dividendes des promesses de la croissance.

En 1988, l'année de la réélection de François Mitterrand et de l'invasion des sauterelles dans les déserts d'Afrique du Nord, Dama revient chercher sa femme et sa petite dernière, moi en l'occurrence.

Faute de visas, mes parents laissent sur place ma sœur et mon frère aînés qu'ils confient à la mère de ma mère.

Sans trop savoir à quoi l'on me destine, je m'accroche au *bazin*, le boubou coloré, de Wandé. Adieu village, adieu poulets malingres qui courent dans les ruelles, adieu porcinets et phacochères en fugue dans la brousse.

Après un tour de piste en pleine savane, notre trio se retrouve à Bamako. La foule qui peuple la capitale nous paraît envahissante en comparaison des familles de Yelimane.

Voyant nos mines, Dama sourit :

– Allez, allez ! Bougez-vous un peu. Désormais, il faut aller de l'avant.

Toute rajeunie, ma mère rigole comme une gamine. Elle me prend la main et me traîne jusqu'au marché rose afin de faire ses dernières emplettes. L'après-midi, nos cousines l'entreprennent pour une séance de henné dont elle ressort les mains finement peintes.

Dès le lendemain matin, car mon père doit reprendre son travail dans les prochains jours, nous embrassons mes deux aînés puis nous nous rendons à l'aéroport.

Sur le tarmac qui conduit à l'avion, Wandé toussote à plusieurs reprises comme pour dissimuler son émotion. Avant d'embarquer, du haut de la passerelle, elle se retourne en agitant les bras comme pour dire adieu aux enfants qu'elle laisse. Enfin, des larmes plein les yeux, elle pénètre dans l'habitacle et gagne son fauteuil.

La vitesse folle à laquelle s'enchaînent les événements n'a plus rien à voir avec le rythme qui nous berçait jusqu'alors.

Le voyage en avion paraît tout aussi irréel. Wandé et moi voguons dans un rêve. Le paysage du ciel et l'entourage de pingouins cravatés qui nous conseille ou nous sert à manger nous semblent surnaturels.

En moins d'une semaine, ma mère et moi avons vieilli de trois millénaires, nous avons abandonné l'âge de pierre pour plonger dans la science-fiction et affronter l'inconnu. J'exagère à peine. Tout au long de ce périple, je ne quitte pas un instant le giron de ma tendre maman qui me serre contre elle comme elle le ferait pour le plus précieux des trésors.

Je passe sur les détails. Le choc m'anesthésie la mémoire. En une journée, je quitte le maître Soleil et me retrouve face à un morceau de ciel que je ne peux saisir qu'entre deux façades de béton.

– Bonjour Hatouma ! me disent, pour me rassurer, les rares commères bambaras du quartier. Comment va notre sauvageonne ?

Tout juste si je connais encore mon nom ! Je ne sais plus qui je suis. Mais je respire. C'est là une preuve de santé...

Petit à petit, sans y prendre garde, je gomme les souvenirs. L'oubli de ma prime enfance me gagne. Comme un animal en état de survie, j'apprends à dompter mon environnement, à apprivoiser la langue, à trouver mes marques.

Dans un demi-sommeil, je grandis.

Hatouma ?

Je l'ai perdue. Et je la cherche...

– Chapitre 2 –

LE MOULIN-JOLY

De septembre 1988 à décembre 1991

Pour commencer, nous habitons dans un petit logement du onzième arrondissement, à proximité du boulevard de Belleville et de la rue du Moulin-Joly.

Les souvenirs restent imprécis. Je n'ai que trois ans. Aucun bagage derrière moi, si ce n'est une image, celle d'un pont de Yelimane qui ne me quitte pas.

Wandé, elle, s'accoutume relativement bien. Mais elle sort peu de ce logement. Une ou deux fois par semaine, elle fait le tour des commerçants. Elle a du mal à se faire comprendre en bambara mais, à la longue, elle réussit assez bien à communiquer, remplaçant ses lacunes par un sourire ou une mimique.

Le quartier lui donne l'illusion de vivre dans un coin d'Afrique inconnu de notre continent, à mi-chemin entre le Maghreb et une concession lointaine. L'ambiance très cosmopolite y est bonne, agréable, plaisante. Les passants lui sourient. Elle se sent à sa place, acceptée.

Bien sûr, il existe quand même une drôle de différence entre son village perdu dans la brousse et le métro Ménilmontant, entre sa case, son atelier de forgeron et ce logis rudimentaire mais elle ne voit là rien d'insurmontable. Le bonheur de vivre à nouveau au quotidien près de son époux lui permet d'accepter la séparation d'avec ses deux aînés.

Et la misère n'est pas au rendez-vous. Au regard des Français, nous ne sommes peut-être pas riches, nous vivons dans des conditions modestes, mais notre existence n'a rien de misérable car la gaieté et l'amour nous animent.

Le dimanche, mes parents reçoivent et rendent des visites. Occasions pour les femmes de faire la cuisine, d'échanger des confidences, de reprendre la conversation où elles l'avaient laissée la fois précédente. Les adolescents s'amusent, les uns jouent des percussions, frappent des mains dans un rythme cadencé, les autres dansent.

Un bon repas, des échanges chaleureux, des enfants joyeux. Dans ces instants privilégiés, chacun s'imagine faire une incursion au pays.

Doucement, au fil des mois, je gagne en force, en vivacité. Paris me marque de son empreinte, de sa lumière, de son charme. Le déracinement s'estompe.

D'autant plus intense qu'inconscient et non exprimé, le mal du pays se cicatrise.

Parfois mes parents évoquent les titres de l'actualité dont les adultes aiment bien débattre entre eux. Ainsi j'entends parler de la chute du mur de Berlin le 9 novembre 1989, de l'effondrement du système soviétique, de l'ouverture des frontières vers l'Europe de l'Est et surtout de la libération de Nelson Mandela, le leader noir d'Afrique du Sud emprisonné depuis 1964, victime de l'apartheid, qui vient d'être aboli. Dama et Wandé fêtent cette belle victoire qui concerne l'un des nôtres et représente une avancée dans les mentalités.

Parler le français me devient naturel. À l'école, je me lie avec des Toubabs, de petits Blancs. Comme mes camarades, je commence à apprendre à lire et à tracer sur le papier les lettres de l'alphabet.

Wandé prend l'habitude de m'envoyer faire des courses. Bien que très jeune, je connais le quartier comme ma poche. D'autres enfants – Sékou, Niamé, Founé – naissent et viennent enrichir la fratrie.

*
**

Au début de l'année 1991 arrive du Mali la deuxième épouse de Dama, âgée de dix-sept ans. Nous, les enfants, allons l'appeler par respect « Bay », une traduction en quelque sorte de « tante ».

Lorsque je lui demande comment elle trouve la France, en jeune personne avisée qui vient de terminer ses études avec succès à Bamako, Bay me répond :

– Ici, nous sommes dans un grand pays. Je reçois de nombreuses marques de sympathie. Les gens font preuve d'hospitalité. Il fait bon y vivre.

Je regarde la nouvelle venue avec attention, un brin d'admiration mais aussi beaucoup de timidité. Sa beauté princière m'impressionne. Fière, altière, les traits fins et si jeune, en même temps, pour toute autre que moi. Mais déjà si grande, si élancée. Certains la compareraient à une adolescente. Pourtant, dans ses yeux de braise, j'ai deviné par la suite une femme passionnée.

À côté d'elle, Wandé se définit tout en rondeurs et en douceur. Cependant il ne faut pas se fier à l'apparence, comme on dit ici. Sa légèreté ne s'exprime qu'en façade. Elle aussi est une reine. Elle sait mener son monde. En outre, en tant que première dame de la maisonnée, elle possède un sens inné des responsabilités, elle détient un pouvoir moral. D'un regard, d'un geste, elle réconforte, affirme l'évidence, tranche les dilemmes. Toujours juste, toujours à sa place.

Le quotidien de ces deux femmes s'organise sans heurt. Chacune répond aux attentes, aux exigences de l'autre et remplit ses propres tâches. Wandé et Bay s'acceptent et se respectent. Personne ne se permettrait de critiquer cet ordre des choses. Pour les Maliens, il n'y a là rien de plus naturel. La bigamie et l'excision font partie de l'héritage de nos aïeux. Loin de nous l'idée de les contester. On ne discute pas le fait de se lever le matin, de se laver, de se coiffer. Au sujet de ces pratiques, de ces rites, c'est pareil. Pourquoi se lamenter sur une clitoridectomie effectuée dans la prime enfance selon la tradition et dont on ne souffre ni se souvient ? Pourquoi blâmer la présence de deux maîtresses de maison puisque nul n'a à s'en plaindre ?

Toute la famille est heureuse, les femmes, les enfants compris. Quant au patriarche, choyé par ses dames, entouré de son abondante progéniture – signe de richesses parmi toutes –, il ne peut que se réjouir et se féliciter de la générosité et de la munificence d'Allah.

L'orgueil de l'Africain se place là : dans le nombre de ses descendants, les héritiers de sa lignée qui l'accompagneront jusqu'à ses vieux jours. Peu lui importe l'étendue de sa fortune, la rutilance de ses voitures. Ce ne sont que biens matériels, autant dire rien ou presque rien, des éléments que le vent peut emporter. Mais ce qui demeure et perdure, c'est l'être humain, son esprit, ses rires, sa tendresse. Un bébé, un gamin, un adolescent. La chair de sa chair, à travers lui, à travers eux, à jamais éternelle.

En fait, de façon implicite et spontanée, je commence déjà, dès mes six ans, à jongler entre deux civilisations, deux cultures. D'instinct, je n'approfondis pas les détails de notre mode de vie, la bigamie de mon père, nos coutumes. Non que j'en aie honte. Mais cela ne me vient pas à l'esprit.

À l'école, je récite en français les poésies que notre institutrice nous enseigne. Avec conviction et entrain, je chante *Frère Jacques*, *Au clair de la lune*, des chansons que j'adore. Chipie, taquine, toujours débordante de vie, je blague, je rigole. J'aime ce moyen de communiquer, cette manière de ne pas se prendre au sérieux.

Mais déjà il faut songer à s'en aller de notre oasis du Moulin-Joly... Trop vétuste, l'immeuble qui nous abrite doit bientôt être démoli. Wandé grommelle :

– À peine installés, nous devons repartir !

– Ne sois pas de mauvaise foi, réplique Dama, tu sais bien que cet appartement devient trop exigu pour nous tous...

Wandé regarde le ventre arrondi de Bay. Bientôt un nouveau petit s'ajoutera à notre smala... Dama a raison. Mais ma mère n'a pas envie de le lui montrer. Par principe elle préfère ronchonner, répéter qu'elle déteste l'idée de déguerpir de ce quartier auquel elle s'est habituée.

Avec l'ingéniosité propre aux femmes, elle cherche une solution, elle se renseigne. Elle parle autour d'elle de notre besoin de logement.

Or les temps ont changé, on ne trouve plus rien, les Noirs encore moins que les autres. L'euphorie des années soixante-dix est loin. Les propriétaires veulent des garanties à long terme, ils se méfient des familles nombreuses et des gens de couleur.

Mais le tam-tam africain fonctionne bien. Des voisins, un jour, informent maman.

– Quai de la Gare, il y a des tentes, des énormes tentes pleines d'immigrés en attente d'être relogés. Tu devrais y aller. Ce sont des gens comme vous, des étrangers, avec des papiers en règle, qui ont vu leurs demandes refusées ou ajournées par la mairie et la préfecture. C'est leur façon à eux de protester, de manifester, d'exiger un toit décent...

On ne sait pas pourquoi mais ce genre de langage séduit soudain ma mère, elle d'habitude si réservée.

– Nous n'avons rien à perdre, dit-elle à son mari. Dans six mois au plus, on va nous expulser...

Pour une fois, mon père la contemple avec scepticisme. La hardiesse de sa première épouse le laisse coi.

– Femme, as-tu réfléchi ? Dans quelques semaines, l'hiver va se rappeler à notre souvenir !

Pourtant, rien ne peut endiguer la résolution de Wandé prête à tout affronter. Le frimas, le crachin, le gel, la tempête. Tout plutôt que de se retrouver à la rue sans l'avoir décidé.

Dama et Wandé discutent longtemps. Puis ils se mettent d'accord : elle et ses gamins iront sous cette tente tandis que Dama et Bay resteront là, le temps que leur bébé voie le jour. Ensuite, on pourra toujours aviser.

J'abandonne donc l'école de La Baleine. Ma mère boucle nos paquetages. Et l'on se retrouve bientôt en *stand by*, en attente, à squatter quai de la Gare, sur l'emplacement de l'actuelle Grande Bibliothèque.

Quelle vision étrange ! Ces centaines de tentes dressées au milieu de nulle part, entre des anciens entrepôts en ruine, des chantiers, des travaux, un quartier à l'agonie. Trois ans après notre arrivée d'Afrique, ma mère et moi nous retrouvons comme des nomades en plein hiver. L'eau filtre à travers les toiles et les bâches en plastique de notre refuge. Il nous faut résister à l'humidité, à la promiscuité. Mais on tient bon. On s'organise.

Pour nous réchauffer, je chante les tubes entendus à la radio ou sur un lecteur de cassettes bon marché. J'invite mes frères et sœurs, nos voisins de « chambrées » installés dans les chapiteaux avoisinants, à danser sur ces airs.

Dans ce vaste camp qui rassemble une centaine de familles, rien ne perturbe mon moral. Pourtant je ne suis qu'une môme de six ans ! Mais qu'à cela ne tienne. J'ai de l'énergie à revendre.

Finalement on s'amuse, dans ce camping en bord de Seine. Bon, il nous faut marcher dans la boue et la gadoue. Mais ça aussi, c'est rigolo. Ça et les flaques d'eau ! Sans saisir les tenants et les aboutissants de la lutte qui se mène en parallèle, je m'escrime à sourire et à faire sourire ceux qui m'entourent. Aujourd'hui encore, quand des inconnus entendent mes éclats de rire, « après ce qu'elle a vécu », je lis dans leurs regards une incompréhension choquée. Pour moi, le rire est un exorcisme.

Le matin tôt, dans la grisaille, je pars en direction de l'école primaire de la rue Jenner tandis que, derrière moi, ma mère accompagne les plus petits à l'école maternelle en me surveillant de loin.

Tout l'hiver, on attend ainsi. Dama et Bay viennent parfois nous rendre visite. À leurs têtes, on voit qu'ils désapprouvent nos conditions de survie. Mais maman ne change pas d'avis.

En pleine année scolaire, un matin, ma mère arrive triomphante, un papier à la main :

– Ça y est !

– Qu'est-ce que tu veux dire ?

– On a trouvé de quoi nous reloger.

Grâce au tam-tam africain toujours aussi efficace, Dama vient nous rejoindre quelques heures plus tard. Wandé lui explique :

– Nous allons avoir un trois pièces dans un immeuble du boulevard Vincent-Auriol. Bien sûr, c'est du provisoire. Mais il ne faut pas se plaindre. Beaucoup de personnes présentes sous ces tentes n'ont encore rien obtenu.

Mon père l'écoute, ahuri. Son étonnement me fait comprendre l'incongruité de la situation. Comment s'y est prise cette étrange femme qui ne parle que quelques mots de français, seule contre tous ?

Mystère !

Elle se contente de sourire. Elle n'en dira pas plus. Ni aujourd'hui, ni demain. Dans une sorte de majesté, elle ne nous l'expliquera jamais. Toujours est-il que, grâce à son obstination, nous avons gagné un toit, un vrai, et cela en priorité.

En fait, c'est Emmaüs, l'association de l'abbé Pierre, à l'initiative de ce camp, qui distribue les logements aux « locataires » en situation précaire. Un ou une de ses bénévoles, certainement touché(e) par ma mère, son humilité et sa fraîcheur, a accéléré le processus et nous a octroyé ce F3.

Le visage de Wandé rayonne. Elle fait frémir de l'eau sur l'unique feu de gaz butane qui sert à faire chauffer nos repas au prix de mille contorsions. Puis elle nous offre du thé à la menthe. « C'en est fini de ce cirque », semble-t-elle dire.

Moi, je ne comprends pas ce qui se passe. Mais je sais que je peux être fière de ma mère. Et je ne me prive pas de l'exprimer. Ce jour-là, je ne tiens pas en place. Ma bonne humeur distrait les gens du voisinage. Je parviens même à dérider les plus moroses. Nous avons un nouveau logis ! Fini le Moulin-Joly qui n'avait de joli que le nom, et les relents nauséeux du quai de la Gare. On va sûrement trouver mieux...

– Chapitre 3 –

PARIS TAUDIS

De décembre 1991 à septembre 1996

On nous a dit que le logement proposé serait provisoire. Le provisoire s'éternise. Six mois après notre installation dans ce lieu, Dama, Bay et leur premier fils viennent nous rejoindre. Les rentrées scolaires se succèdent. D'autres enfants naissent et viennent embellir notre famille.

1992 voit l'élection de Bill Clinton, le démocrate, qui remplace Bush senior le réactionnaire, partisan de la peine de mort et à l'initiative de la première guerre du Golfe de 1991.

En 1993, on assiste au virage de la France à droite et à la première cohabitation entre M. Mitterrand et M. Balladur en tête du gouvernement.

Au printemps 1994, le génocide du Rwanda nous bouleverse. Notre famille ne comprend pas que des ethnies en soient réduites dans un même pays à ce genre d'atrocités. Dama nous raconte que cela s'est déjà produit une fois entre le Nigeria et le Biafra en 1970. Mais quoi qu'il en soit, cela n'explique pas le racisme interethnique. Au Mali, Bambaras et Solinkés se prennent parfois le bec. On ressent comme de l'opposition entre eux mais rien de bien méchant. Les Solinkés, par exemple, accusent les Bambaras, qui vont davantage à l'école, de défendre les valeurs des Blancs ; les Bambaras, plus évolués, traitent les autres de « bêtes ». Mais ça s'arrête là, dans des chamailleries de famille. On est conscient d'appartenir au même peuple, à la même communauté.

Toujours en 1994, on applaudit l'élection de Nelson Mandela à la présidence de son pays. En 1995, on note l'avènement de Jacques Chirac, lui aussi élu président.

Six mois plus tard, en décembre, les folles grèves sèment pagaille, gaieté et système D pendant plus de quatre semaines dans les rues de Paris. Pour Dama comme pour les autres, le travail s'est fait rare. Il vient d'être embauché par Emmaüs comme agent d'entretien et il n'est pas question de ne pas arriver à l'heure au boulot : les places sont chères... Il se débrouille et il est top au rendez-vous.

Au début de l'année 1996, on apprend le décès de François Mitterrand. Peu avant de disparaître, il a assisté à l'inauguration de la grande bibliothèque qui porte son nom, construite à l'emplacement du camp de tentes. Rapidement elle est ouverte au public. Nous ne la fréquentons pas mais nous passons parfois à côté, étant donné que nous habitons à quelques rues de là.

Avec elle, le quartier évolue. On rase de vieux édifices pour en construire de plus modernes, de plus hauts. Le secteur change, devient impersonnel. On ressent comme un nouveau dépaysement.

Bientôt on entend des rumeurs concernant le fléau de la vache folle. Pendant un temps, du haut de mes onze ans, je décrète que je ne veux plus manger de bifteck. Mais comme notre religion nous interdit le porc et que l'on se lasse vite du poulet, j'oublie vite mes résolutions.

Le 18 mars, dans l'église Saint-Ambroise, et le 25 août 1996 dans celle de Saint-Bernard, des sans-papiers occupent les lieux de culte pour trouver un asile certes, mais aussi attirer l'attention de l'opinion sur leur situation. Notre famille suit de près ces occupations. Parmi les occupants, on dénombre beaucoup de nos compatriotes, des femmes, des enfants, des bébés. C'est déchirant de voir la condition humaine si maltraitée. Cela nous fait mal. Papa se rend à quelques manifestations de soutien. C'est la première fois, il me semble, qu'un mouvement pour défendre des immigrés dans l'illégalité prend une telle ampleur et appelle à une telle mobilisation. Pourtant ces sans-papiers dont personne ne veut servent aussi l'économie de ce pays quand ils travaillent pour des salaires en dessous du Smic et dépensent leur paye pour se nourrir et essayer de se loger.

En décembre 1996 toujours, une vague de froid saisit le pays. Elle fait sept morts en une semaine parmi les SDF, les sans domicile fixe.

Chez nous, les murs se rétrécissent sous la morsure du gel. On commence à souffrir sérieusement de cet intermédiaire qui dure et perdure. Notre patience est mise à rude épreuve. Mais il faut tenir. Tout plutôt que la rue. On se verrait mal cette année refaire le forcing sur le camp de tentes du quai de la Gare, qui d'ailleurs n'existe plus.

De toute façon, la France perd inexorablement de sa superbe. Les temps se durcissent. Comme chaque fois, on ne s'en rend pas compte immédiatement. Mais il est certain que les choses ont dû se gâter vers cette époque...

Nous nous encourageons mutuellement à ne pas nous plaindre. Au moins, nous avons un toit. Ce n'est pas donné à tout le monde... L'immeuble, qui date de 1894, n'a rien d'un modèle de modernisme mais on entretient les locaux comme on peut, avec bonne humeur et beaucoup d'huile de coude.

Avec le recul, étrangement, ces premières années dans le treizième arrondissement me paraissent heureuses. J'en garde des images agréables, celles qui résument mon enfance. D'un naturel optimiste et joyeux, je n'en retiens que le positif. Gommé le décor, le matériel, les pièces trop étroites où l'on s'entasse. Ne reste que la joie. Partout, dans les couloirs, à tous les étages, les rires résonnent. L'Africain est ainsi, bruyant, expansif, démonstratif.

Chez nous, l'ambiance ne détonne pas. On se chicane, on se dispute, et on se chamaille. Les femmes ululent de leurs voix gutturales ou parfois stridentes comme des sifflets lors d'une fantasia ; les enfants gloussent, crient et pleurnichent. Mais les querelles, les colères ne durent pas. On ne les prend jamais au sérieux. On s'en sert comme le torero dans la corrida : on en a besoin pour vivre et communiquer. Dans le pire des cas, lorsqu'un affrontement s'envenime, le père tranche de sa voix pondérée, tel un souverain. Et tout le monde se calme... pendant un court instant.

***

Du dernier trimestre 1996 à l'an 2000

À onze ans, je quitte l'école primaire de la rue Jenner pour le collège Elsa-Triolet. Sur mon chemin, chaque matin, je vois la progression du béton. Fini les immeubles de guingois, l'ambiance bohème qu'instaurait une faune cosmopolite composée d'artistes, d'étudiants et d'étrangers. Le quartier s'embourgeoise. Cols blancs et petites robes noires.

Après la dissolution de l'Assemblée nationale, en juin 1997, la France retourne sa veste et vire de nouveau à gauche. Jacques Chirac demeure le chef de l'État mais Lionel Jospin devient le leader de la gauche et prend la barre du gouvernail en gérant la troisième cohabitation.

Le 31 août de la même année, Lady Diana meurt près du pont de l'Alma. Mes copines et moi refusons de croire à cette triste fin. Alors que dans Paris circule la rumeur qu'il y avait eu un contrat sur sa tête, notre bande d'ados échafaude une autre hypothèse : en fait la princesse n'est pas morte, elle a payé les médias pour le faire croire mais, en réalité, elle coule des jours heureux à l'abri des gens trop curieux et indiscrets.

Tandis que j'atteins l'âge de douze, treize, puis quatorze ans, pour la deuxième génération de Maliens séjournant en France à laquelle j'appartiens, l'Afrique, le Mali deviennent une abstraction. Notre culture demeure, la fréquentation de notre communauté aussi. Nous vibrons à la pensée d'appartenir à ce continent lointain que nous racontent les aînés. Mais dans les faits, hormis les parfums, les épices, les épidermes de nos proches et des images entraperçues à la télévision, la réalité tangible, le vécu quotidien que nous pourrions avoir de notre pays perdent de leur épaisseur, de leur consistance.

Ce pays est mien mais il se transforme en mirage. Il symbolise une chimère, un rêve, une promesse. Ségou, Bamako, Tombouctou, l'arbre à palabres, le malingre Soundiata qui triomphe de tout, que sont-ils, pour moi ?

L'espoir d'un monde meilleur ?

Un monde qui nous ressemble, en tout cas.

Une terre promise.

Néanmoins, quel que soit l'adjectif ou le fantasme attribué, il me paraît pour l'instant inaccessible.

Devenue adolescente, grâce à mon goût de plus en plus prononcé pour la lecture, je découvre pourtant une génération de poètes africains, des Maliens de préférence, qui ont émergé un peu avant l'Indépendance. Parmi eux, je retiens Camara Laye et Hamadou Ampâté Bâ, l'auteur de *Amkoullel l'enfant peul.* Retour aux sources, valeurs ancestrales, anticolonialisme et anti-apartheid sont leurs thèmes préférés. À travers leurs écrits, je goûte la saveur de la terre qui enfanta mes ancêtres.

Je lis aussi l'Ivoirien Ahmadou Kourouma, au jugement très politique, qui a écrit des ouvrages hyperpuissants du genre *Les Soleils des indépendances*, *En attendant le vote des bêtes sauvages*. Son *Allah n'est pas obligé*, qui raconte l'histoire d'un enfant soldat, m'a bouleversée. *Quand on refuse, on dit non* aussi. Il dit, en parlant de la Côte-d'Ivoire : « Elle est comme toutes les républiques foutues de cette zone, démocratique dans quelques domaines mais pourrie jusqu'aux os par la corruption dans tous les autres. » Je m'interroge...

Avec d'autres écrivains tels que Massa Makan Diabaté, Seydou Badian ou Yambo Ouologuem, connus surtout pour leurs critiques des traditions, je me laisse séduire par leur facilité à dépeindre des scènes parfois tragiques, parfois loufoques, mais toujours pleines de faconde.

Le burlesque compte beaucoup chez nous. Comme le drame aussi d'ailleurs. Peut-être parce que le peuple d'Afrique a une âme d'enfant, pur et joyeux, prêt à renaître en se laissant pénétrer par une danse rituelle qui monte de la terre et l'emmène jusqu'au ciel.

Toujours est-il que, grâce à ces livres, je m'initie à mon pays natal qu'il me tarde parfois de retrouver, je découvre ceux qui nous y ont précédés et je m'approprie un héritage de tolérance et de générosité.

Au gré des pages sur lesquelles je vogue et voyage, je me surprends à songer à mes ancêtres africains déportés par la traite des nègres aux Antilles, à la Jamaïque ou aux Amériques. Je les imagine en exil là-bas coupés de leurs racines, rongés par la solitude, réduits en esclavage, humiliés, battus, fouettés, matraqués. Je brûle de rechercher des témoignages, des récits relatant leurs épreuves. Je voudrais comprendre.

Pourquoi un peuple souffre-t-il plus que les autres ?

Bien sûr le peuple noir n'a pas l'exclusivité de la tragédie, de la ségrégation ethnique. Mais déjà ces questions me préoccupent.

Elles ne m'obsèdent pas, mais j'y pense.

Le reste du temps, je m'amuse comme les filles de mon âge. Je traverse la période de l'adolescence où les mômes, dont je suis, se focalisent sur les fringues et les marques, les baskets machin, les jeans bidule et j'en passe !

– Tu me casses les pieds avec tes exigences, me dit Wandé.

Je la prends dans mes bras, lui dépose une bise sur le front et la fais valser dans la cuisine trop étroite.

Ma mère sourit et glisse dans la poche de mon blouson l'argent nécessaire pour acheter ma dernière lubie aux puces de Saint-Ouen, près de Clignancourt.

Zouk Machine ! Et je danse, et je chante, j'ai le rythme dans la peau et j'improvise... Les jours d'hilarité, je reprends même des tubes des 2 Be 3 ou de Céline Dion qui, dans une de ses chansons, parle « des marabouts d'Afrique qui déplacent les montagnes... ».

Rentrée à la maison, je change de rêves et de casquette. Usant du bambara, la langue dont se délectent mes parents, de l'arabe pour apprendre les préceptes du Coran, je m'exerce en bonne musulmane à observer le respect des traditions.

Tradition ! Le mot clé, le sésame pour demeurer en paix avec sa conscience et préserver la certitude de savoir d'où l'on vient.

Savoir d'où l'on vient ! Se rappeler ses origines, entretenir la mémoire. Le beau programme !

Le 12 juillet 1998, lors de la victoire des Bleus pendant la Coupe du monde de football, mes frères, mes sœurs et moi sombrons dans le délire. D'hystérie, je désagrège même le lit de mon cadet. Ensuite nous rejoignons les locataires de l'immeuble sur le trottoir. On forme des farandoles en hurlant. La victoire de ces Bleus, de Zidane, de Desailly, de Karembeu et de leur équipe, c'est un peu notre triomphe à tous, notre satisfaction quand on voit les prouesses de Noah, les exploits de Jamel, le succès de la France black-blanc-beur.

Parce qu'on a beau dire, les rapports entre autochtones, indigènes et zoulous commencent à sentir le vinaigre. On peut comprendre. Notre nombre grandit et notre minorité d'hier, celle des années soixante-dix, a fait place à une frange sans cesse en expansion.

Est-ce moi qui deviens sensible ? Plus à l'écoute ?

Dans le métro ou l'autobus, quand je m'assois, désormais certains usagers changent de place. Pendant un temps, j'en souffre. Et puis, c'est comme le reste, je m'y habitue. On n'a pas le choix. Soit la méchanceté vous tue, soit elle vous renforce. Alors on fait avec.

Au collège, je continue de me montrer bonne élève. Les études me dynamisent. Maintenant les parents me demandent parfois de leur lire un article de journal, de leur expliquer une notice, un règlement, ou de leur remplir les papiers exigés par les différentes administrations.

Chaque année, nous adressons aux services concernés une demande de logement. En vain. Nous ne recevons jamais aucune proposition, même pas une réponse, d'ailleurs.

À l'automne 1998, pour la première fois, je sors loin de Paris ; je pars en classe de « nature découverte » avec le collège. Pendant deux semaines dans les environs de Thonon-les-Bains, hébergés dans un chalet, nous faisons de grandes randonnées dans la montagne malgré le froid qui sévit déjà. Les premières vacances, et les dernières que je passerai en dehors de Paris.

Après quatre ans de collège, j'enchaîne, de l'an 2000 à 2003, au lycée Émile-Dubois, dans le quatorzième arrondissement de Paris.

Sagement je poursuis ma croissance. Sans heurt ni révolte. Sans fait particulier non plus. Je m'applique simplement à ne pas me démarquer, me faire remarquer par un langage trop Zup, trop rap, trop urbain. Et en général, face aux Toubabs et aux adultes, je la mets en veilleuse. Je préfère le silence aux discours.

L'ambiance générale continue inexorablement à se dégrader. Avide de dérivatifs, la foule s'enthousiasme devant une éclipse de soleil totale. Il vaut mieux ça que de sombrer dans la déprime.

En décembre 1999, l'*Erika* déverse une marée noire sur les côtes bretonne et vendéenne. Une tempête, « la » tempête ravage les forêts de l'Hexagone. Mais nous ne sommes plus à un cataclysme près. On dirait que la planète tourne à l'envers.

Pour ce qui nous concerne, notre logement se dégrade. Il paraît impossible, même aux plus persévérants, d'endiguer la détérioration des lieux.

Les cafards, les rats s'installent en masse. Ici une lézarde, dans l'autre pièce un dégât des eaux. Les murs suintent l'humidité. Les peintures s'écaillent. Les douches deviennent dangereuses. D'ailleurs, c'est à se questionner sur leur utilité : parfois les infiltrations sont telles qu'il pleut au plafond d'un étage à l'autre.

D'année en année, nous encaissons moins. Les plus petits de la famille commencent à ressentir les effets néfastes d'un tel environnement. Asthme, saturnisme, toux, rhumes à répétition, eczéma les affectent. On court les dispensaires pour leur trouver un remède miracle.

Dès que l'on soigne un bobo, un autre se déclare.

L'entreprise qui gère l'immeuble se fiche de nous, dédaigne nos appels, ignore les réparations et se contente d'encaisser les loyers.

Une vraie honte !

De la non-assistance à personnes en danger.

Un après-midi, Dama, qui en plus de son emploi à Emmaüs travaille à présent dans le même genre de fonction pour le Samu social, assiste à une cérémonie officielle et a ainsi l'occasion de faire une rencontre bien extraordinaire.

En visite dans les locaux de l'organisme animé si humainement par M. Emmanuelli, Jacques Chirac salue l'ensemble du personnel et s'entretient avec la plupart des employés. Naturellement il échange quelques mots avec mon père. Au cours de leur conversation, il découvre les conditions de logement de notre famille. Aimablement, il lui propose alors d'intervenir en sa faveur.

Selon ses directives, Dama appelle son secrétariat. Celui-ci lui envoie un courrier, intercède en direct auprès des services concernés. Au final, Jacques Chirac lui adresse trois missives. Mais dès que mon père entreprend des démarches, les agents administratifs lui disent :

– Te fais pas de souci, on va te loger.

Et à toutes ses relances ils lui répondent, toujours laconiques :

– Puisqu'on te dit qu'on va te loger, on va te loger !

Malgré la recommandation chaleureuse du président de la République française en personne, nous n'avançons pas.

S'il en est ainsi, que va-t-il donc falloir pour faire bouger les dinosaures de l'administration ? On se le demande...

Inexorablement nous marchons vers l'an 2000. On s'attend au grand bogue. Ce serait selon certains une manière d'exprimer le dysfonctionnement de cette société en décadence. Mais là encore rien, pas le moindre incident ne se manifeste pour plaider notre cause.

On enjambe le millénaire. La tour Eiffel resplendit de mille feux. À la télévision, les journalistes, les présentateurs n'en finissent pas de s'exclamer, de parader, de faire l'apologie du prestige national, du luxe, de la consommation à gogo.

Nous, sans envie ni amertume, nous les regardons à travers le petit écran en nous demandant sur quelle planète ils logent. On se recroqueville sur des matelas. Le chauffage électrique, branché à fond, coûte une fortune, soit dix mille francs, l'équivalent de mille cinq cents euros par facture EDF.

On supporte l'humidité, le froid, les fuites et le décor qui part en ruine. En face de nous, on assiste au spectacle de bouilles réjouies qui dédaignent une grande majorité de la population, celle des défavorisés. Pour nous réchauffer le cœur, il ne nous reste que le rire, salvateur et malicieux, le meilleur antidote à l'absurde.

Désormais il y a deux France, celle d'en haut et celle d'en bas. C'est clair. Pas la peine de réfléchir pour savoir à laquelle on appartient.

*
**

De l'an 2000 à mars 2005

Le troisième millénaire ne nous apporte aucune amélioration, bien au contraire.

En 2001, George W. Bush, le fils de son père, prend la succession de Bill Clinton comme locataire de la Maison Blanche. En attente de changement, les Parisiens élisent Bertrand Delanoë comme maire.

En mai de la même année, la loi Taubira reconnaît l'esclavage comme crime contre l'humanité.

En septembre, Massoud, un des héros de la résistance afghane, est assassiné.

Deux jours après, le 11 septembre, des avions suicides se dirigent sur New York et détruisent les Twin Towers du World Trade Center. Sous le coup de l'émotion, le monde entier pleure, tétanisé par cette tragédie qui va, que l'on soit athée, chrétien ou musulman, modifier nos comportements et entretenir des réflexes de suspicion et de peur.

Une dizaine de jours plus tard, encore, dans la périphérie de Toulouse l'usine AZF explose. Accident ? Attentat ? Le mystère demeure.

L'année n'en finit pas de dérouler sa tristesse. Pour clore cette terrible série, mes parents décident de me choisir un mari. Alors que je me vante d'étudier déjà en seconde, avant même que j'aie le temps de protester, ils me marient devant Allah avec ce jeune monsieur. En fait ils organisent un mariage arrangé, un mariage religieux « simplifié » avec juste une bénédiction. J'ai seize ans.

Bon, je n'en dirai pas plus. Je n'ai ni envie de m'attarder à l'évoquer ni celle de perdre mon temps à confier les secrets de notre vie commune. Ça, c'est de l'ordre du privé. Contentons-nous de résumer : j'ai essayé et ça n'a pas fonctionné.

Pourtant, sur le moment, j'y mets de la bonne volonté puisque j'accepte même de faire un bébé. Bientôt, je suis enceinte ; neuf mois plus tard, j'ai ma petite fille, une adorable merveille.

Mais malgré l'attachement passionné que j'éprouve pour mon magnifique bébé, je me lasse vite de l'interlude du mariage en lui-même. Dès que je le peux, je cours me réfugier dans les jupes de maman.

Et puis, un beau jour, je prends carrément mes cliques et mes claques, ma fille, le couffin, les couches, le trousseau et hop ! Première rupture avec la tradition, je rentre chez ma mère.

Retour à la case départ...

À la maison que je n'aurais jamais dû quitter.

Là où, indépendamment du décor, je me sens bien et en sécurité.

Comme d'habitude, Wandé se montre généreuse et circonspecte. Elle m'accueille à bras ouverts, évite de me poser des questions embarrassantes et adopte ma fille comme la sienne.

Je ne vais pas jusqu'à retourner au lycée que j'ai laissé en plan pour accoucher : maintenant que je m'habille en tailleur, jupe et veste smart, je me vois mal jouer les lycéennes et les adolescentes pubères.

Trop de décalage ! Trop mature pour mon âge...

Pendant un temps je pouponne, mais la nécessité de bouger me prend. À dix-sept ans, j'ai besoin de gagner ma vie, d'acquérir de l'autonomie. Pas pour aller courir ou faire des bêtises. Non, juste pour m'émanciper.

Embauchée dans un fast-food de la place d'Italie, je vais parfois le soir danser au Titan, une boîte du dix-septième arrondissement, ou à l'Atlantis, un club plus cosmopolite – près de la gare d'Austerlitz – où se retrouvent les Africains du Mali, du Sénégal, de la Guinée et de la Côte-d'Ivoire. Lors de ces soirées, je m'enivre de danses. Surtout du coupé-décalé, un rythme qui fait fureur parmi nous : des paroles tendres, amusantes, loufoques, une musique plus qu'entraînante, enfiévrée, dans laquelle le corps s'épuise, transpire, aguiche et renaît dans une incantation de joie et d'humour.

À mes moments perdus, je continue à prendre des notes sur l'Afrique.

Comme toujours, je me cherche, j'essaie de définir mes motivations, mes ambitions. Mais ce n'est pas évident. Lorsque je parle avec mes anciens copains de classe, filles ou garçons, blancs ou blacks, on a tous les mêmes hésitations, les mêmes interrogations quant à notre devenir. Pour des Français moyens pur-sang, c'est déjà dur. Alors que dire des autres ? Quand on est mère à seize ans, sans bac ni diplôme et « de couleur » par-dessus le marché ! Que trouver comme boulot mis à part une place derrière un comptoir de restauration rapide ?

– Si vous avez une idée, dis-je en plaisantant à mes complices de toujours qui continuent leurs études, dites-le-moi !

Au fil des années, notre logis taudis s'est transformé en gourbi. Y rester devient une opération de survie. C'est un miracle que nous n'ayons pas d'accident.

Au cinquième, à notre étage, des familles obtiennent un F3 supplémentaire, mitoyen du leur. Nous les entendons casser les cloisons pour les réunir et en faire des F6.

Cela nous donne l'idée d'en demander un pour nous aussi à la société de gestion qui s'occupe de l'immeuble. Elle nous l'accorde. Pas au cinquième mais au troisième, ce qui double malgré tout notre surface habitable.

De fait, on s'organise. Les plus petits et les parents logent à l'étage supérieur. Mes frères et sœurs adolescents et moi-même, avec ma fille, dormons dans le nouveau local, au troisième, dans les chambres jouxtant la pièce qui nous sert de séjour.

*
**

En 2002, la mise en circulation de l'euro, la monnaie unique européenne, n'arrange rien, surtout pas nos bourses. On ne sait pas pourquoi, d'un seul coup, les prix se mettent à grimper et atteignent des sommets vertigineux tandis que les nécessiteux voient leur pouvoir d'achat dégringoler.

En avril, au premier tour de l'élection présidentielle, face à Jacques Chirac, le candidat du Front national, Jean-Marie Le Pen, dame le pion au leader de la gauche.

Le 1er mai, en réponse à ce vote, un million de manifestants défilent à Paris. Le 5 mai, Jacques Chirac est élu avec quatre-vingt-deux pour cent des voix contre son adversaire qui en remporte dix-huit pour cent. Ça fait quand même un peu froid dans le dos de se dire que maintenant il y a dix-huit pour cent de citoyens qui veulent que la France reste aux Français...

Un mois plus tard, Amadou Toumani Touré est élu président du Mali. De là-bas, on nous annonce une ère nouvelle.

Fric-frac politique. Remue-ménage des médias. Échauffement de la foule. À dix-sept ans déjà, je ne me préoccupe plus des jeux du pouvoir. Pour moi, c'est blancs bonnets et bonnets blancs. Kif-kif. De n'importe quelle tendance ou couleur, quel que soit leur bord, les politiciens mentent pour commander et dominer leurs semblables. Ils font des tas de promesses qu'ils ne tiennent pas. D'un continent à l'autre, c'est pareil.

Je pense, en fait, que la politique ne peut pas changer le cours des choses. Un jour, quand je serai plus mature, me dis-je, j'espère trouver un autre moyen plus adapté, plus ancré dans la réalité. Ce qui est certain, c'est que ce ne sera pas de cette manière-là.

Le sol qui nous porte n'appartient à personne. Chacun devrait y avoir accès, devrait pouvoir se faire respecter et exiger des autres qu'il reçoive ce que les droits de l'homme nous permettent d'espérer. Au lieu de cela, on assiste à l'escalade de la misère, de la violence et de l'individualisme. Les faits parlent d'eux-mêmes.

Le 4 octobre 2002, Sohane Denziane, une toute jeune fille, est brûlée vive à Vitry-sur-Seine, assassinée par un ancien petit ami délaissé. Partout, à l'unisson, les différentes tranches de la population française et les diverses communautés s'expriment et manifestent pour condamner ce meurtre. Mais comment échapper à cette barbarie, à l'incompréhension mutuelle qui engendre de tels actes ?

Autant de questions, autant de non-réponses.

Après ce désastre, des initiatives de résistance et de protestation voient le jour. En février 2003, je lis dans *20 minutes*, un quotidien gratuit – mon journal préféré –, un article sur la marche des femmes des quartiers « contre le ghetto et pour l'égalité » organisée par Ni putes, ni soumises, un mouvement constitué principalement de « Beurettes ». Ces filles s'insurgent contre les tournantes, ces viols collectifs dans les cités, défendent leur réputation, soutiennent des projets lancés par SOS-Racisme et organisent aussi des actions telles que cette marche. Parmi les plus connues, Loubna Méliane a écrit *Vivre libre*, un document édifiant sur la mentalité de ces jeunes femmes.

Ces nanas qui font entendre leurs voix me plaisent. Quand j'écoute leurs débats, je rejoins leurs positions. Effectivement, ce n'est pas parce que nous portons des jupes que nous sommes des putes. Effectivement, ce n'est pas parce que nous n'arrivons pas toutes vierges au mariage que nous sommes des débauchées. Effectivement, ce n'est pas parce que nous ne disons pas « amen » ou « amin » à toutes les paroles des hommes que nous sommes des dévergondées.

Serais-je en train de m'émanciper ?

Les hommes considèrent souvent les femmes comme des objets et n'hésitent pas à les prendre et à les jeter. Pourquoi un homme a-t-il le droit de faire ça et non la femme ?

Pour moi, le respect constitue l'une de mes valeurs de base. J'aime entretenir de bonnes relations avec les autres. J'aime leur montrer ma considération comme j'apprécie qu'ils m'expriment la leur. Lorsque l'on parle, il est important de songer à qui l'on s'adresse et de réfléchir aux conséquences de ses paroles et de ses actes.

Cette lutte qui se prépare sera-t-elle suffisante pour juguler le marasme ?

Ailleurs, sur des sites Internet, afrik.com par exemple, je découvre des femmes maliennes, sénégalaises, ivoiriennes, maghrébines qui s'organisent, créent des collectifs comme à la Goutte-d'Or pour combattre la mauvaise volonté des institutions et dénoncer le sort des mal-logés.

Mais, occupée par ma fille et mon travail, il ne me vient pas l'idée de les rejoindre ni le courage d'entreprendre une action individuelle pour l'instant...

Au cours de mes lectures, je tombe sur des rapports accablants à propos des discriminations subies par les femmes « issues de l'immigration », puisque telle est la formule consacrée à notre espèce, toutes origines confondues.

Terrible bilan : sur les quatre millions cinq cent mille immigrés résidant en France, cinquante pour cent sont des femmes. Elles représentent dorénavant quarante et un pour cent des actifs immigrés contre trente-cinq pour cent en 1990.

« La réussite scolaire, dit par ailleurs un de ces rapports, n'est pas, pour les jeunes filles issues de l'immigration, synonyme d'une bonne insertion professionnelle. »

Dans la plupart des cas, comme je l'ai moi-même expérimenté, on accède au premier emploi sous un statut précaire – intérim, vacations ou CDD. Question promotion, ambition et avancement de carrière, on rencontre toujours la difficulté de se heurter au « plafond de verre » qui nous empêche de grimper et de progresser.

Voilà de quoi rêver quant à notre devenir ! Et de quoi nous encourager à obtenir de bons résultats scolaires. On comprend le découragement de certains.

Je n'accuse pas la France et ses gouvernants. Je constate seulement un état de fait, le malaise d'une société qui ne propose pas de solutions.

En France, on compte plus de deux millions d'analphabètes, et pas forcément des gens de couleur. Donc cela dépasse amplement le simple problème de la gestion des immigrés et de leur insertion. Cela concerne la globalité des habitants de ce pays, et aussi bien les Français pure souche qui se trouvent dans le besoin en matière d'éducation, d'aide sociale, de logement, de chômage, de budget et de vie quotidienne.

En face de cette situation d'un autre âge, et sans vouloir donner de leçons de morale, comment ne pas s'étonner devant le gaspillage ? Le gaspillage individuel des assiettes presque pleines laissées dans les restaurants. Le gaspillage collectif. Ou encore le gaspillage médiatique. Quand on pense à ce que coûte Paris-Plage les mois d'été, au bord de la Seine ! Et tout cela pour donner l'illusion que des mômes défavorisés en profitent alors que ce n'est que de l'esbroufe pour bobos ou touristes.

Mais revenons aux difficultés de ma communauté.

Question emploi, difficile malgré tout de trouver du travail, d'envoyer un CV et d'obtenir des réponses quand on a un patronyme à consonance africaine, un faciès typé, et que de surcroît l'on habite une zone sensible.

Question éducation, on évoque l'apartheid scolaire. En fait, ou les mômes sont doués et tout va bien ; ou ils ont besoin d'un accompagnement plus personnalisé pour de multiples raisons – différence de langue, difficulté à s'exprimer, problèmes familiaux – et là les enseignants disjonctent parce qu'on ne les a pas formés à gérer ces situations particulières qu'ils cataloguent vite comme « crises ».

La crise, oui ! Elle nous confronte à un tas d'injustices. En voici un aperçu.

Une partie de l'opinion publique laisse entendre que notre communauté ne subsiste qu'à grands renforts d'allocations. C'est sûrement le cas de quelques-uns, mais pas celui de tous. À titre d'exemple, je vais citer un reportage diffusé au journal télévisé de 20 heures sur TF1. Il montre deux enfants africains, de six et dix ans, rentrant chez eux seuls à midi pour se faire réchauffer au micro-ondes le repas préparé la veille au soir par leur maman qui travaille. Les enfants n'ont pas pu bénéficier d'une aide pour la cantine. La maman divorcée touche un trop « gros » salaire, à une dizaine d'euros près. Un gros salaire qui ne lui permet cependant pas de leur offrir cette cantine. Résultat, ils se débrouillent seuls... Un grand nombre sont dans leur cas.

Et le journaliste de conclure simplement : « En France, pays des droits de l'homme, on ne respecte pas toujours les droits des enfants. » Sans commentaire...

On médit souvent sur l'Africain. On parle de ses manies, de sa tendance à pratiquer la répudiation et la polygamie, à profiter du système français et de ses fameuses allocations en tous genres. On oublie trop d'évoquer son endurance à l'ouvrage et sa faculté d'accomplir des tâches dont nul ne veut.

Dans n'importe quel secteur, on constate discriminations et ségrégations. Pire que tout, l'indifférence des fonctionnaires qui ne veulent pas s'impliquer et justifient leurs refus d'accorder des aides en se retranchant derrière des règlements rigides.

Décidément, il ne fait pas bon se montrer en difficulté.

Un autre exemple ?

Alex Ursulet, un avocat d'origine martiniquaise, arrêté de façon totalement arbitraire lors d'un contrôle d'identité, a signé un essai, intitulé *Pourquoi me tutoyez-vous ?*, dans lequel il examine « des dérives qui, si elles devaient se poursuivre, menaceraient notre démocratie ». Pour lui, une évidence s'impose : « Il n'est même plus nécessaire, aujourd'hui, d'être noir ou arabe pour risquer de se faire tabasser dans un commissariat. » Cela donne à réfléchir. Cet apôtre de la justice, lui-même fils d'avocat et fréquentant les milieux favorisés de la capitale, qui se défend d'avoir rédigé « un brûlot anti-flics », a pourtant longtemps joué « en bon petit soldat la carte de l'assimilation ».

Impossible de le nier, nous en sommes là. C'est la loi du plus fort.

Le 15 février 2003, dix millions de manifestants défilent dans plus de six cents villes du monde contre la guerre en Irak, mais cela ne dissuade pas pour autant les États-Unis et la Grande-Bretagne de lâcher leurs premiers bombardements aériens dès le 20 mars. Alors à quoi sert de s'insurger ?

Ça sert à continuer d'exister.

Quand ce ne sont ni les jeunes ni les étrangers, ce sont les vieux que l'on met au ban de la société. On le constate lors de la canicule du mois d'août lorsque quinze mille d'entre eux trouvent la mort par manque de soins ou en raison de leur isolement. On ne verrait jamais ça dans les pays du tiers monde.

Alors, alors... je ne vais pas dresser le tableau exhaustif des pires horreurs de notre temps ni jouer les redresseuses de torts. D'autres s'y exercent avec plus d'aisance. Si je mentionne tout cela, c'est juste pour montrer que je m'intéresse à ce qui se passe en général. C'est à ce prix que l'on réussit son intégration.

Sauf que réussir son intégration, pour des jeunes filles de mon espèce, n'a rien d'évident. Nous, les femmes, et les jeunes de surcroît, nous avons deux maladies, celle du pays d'origine et celle du pays d'adoption.

D'un point de vue juridique, en tant que femmes, nous sommes soumises, en matière d'état civil, de régime matrimonial, de filiation ou de succession, à la loi du pays dont nous possédons la nationalité. Mon père, ma mère n'ont jamais demandé la citoyenneté française. Moi, non plus. Et aujourd'hui encore, je m'interroge sur le bien-fondé d'une telle démarche. Non que je désavoue la terre, le sol qui m'ont nourrie. Mais j'ai toujours peur de m'engager, de revendiquer une culture au détriment d'une autre.

Dama et Wandé perpétuent la tradition de leurs ancêtres. Comme ceux qui vivent éloignés de leurs racines, ils la défendent plus vigoureusement que les Maliens restés sur place, au pays, lesquels évoluent avec leur époque et montrent ainsi leur largesse d'esprit.

À Paris, dans nos taudis, nos parents veillent sur nos coutumes comme sur un trésor. Ils nous transmettent aussi ce en quoi ils croient, la religion musulmane mais également les valeurs du travail. « Si tu veux que l'on te respecte, nous répètent-ils souvent, commence d'abord par te respecter. »

L'attitude des miens, des adultes, de Dama et de Wandé, me sert de modèle dans mon comportement.

Quelles que soient les circonstances, ils restent dignes. Ils ont une résistance à toute épreuve. Rien ne semble les atteindre.

Toujours agent d'entretien au Samu social et chez Emmaüs, Dama continue de travailler avec acharnement du matin, à l'aube, jusque tard le soir.

Jamais ni le père ni la mère ne nous ont fait sentir leurs difficultés, les doutes qu'ils rencontrent, l'épuisement qui les terrasse. Devant nous, les enfants, ils affichent un masque de calme, de sérénité et de douce cordialité.

Soumission, abnégation ?

Non, juste dignité.

Tranquille dignité d'accepter le présent.

Rien à voir avec les sauvages pour lesquels on aimerait nous faire passer.

À la hauteur de Soundiata Keïta et des princes du désert qui firent de notre histoire une glorieuse épopée, aujourd'hui les héros se distinguent dans le quotidien et se mesurent à leur capacité d'endurance et de flegme face à l'adversité.

– Troisième partie –

L'ENFER DES FLAMMES

– Chapitre premier –

L'ALERTE DE L'HÔTEL PARIS-OPÉRA

Avril 2005

Cet épisode débute comme un polar. Je déteste l'appellation de « roman noir » trop connotée dans le malheur mais, ici, c'est bien de cela qu'il s'agit.

L'action se situe le jeudi 14 avril au soir, dans un modeste hôtel du centre de Paris – le Paris-Opéra. Dans ce genre d'établissement de tourisme réquisitionné par le service social, chaque soir des personnes en grande précarité viennent se réfugier, faute de place dans les centres d'hébergement d'urgence et les centres d'accueil pour demandeurs d'asile.

Depuis quelques mois, le nombre d'individus ou de familles confrontés à ce genre de galère a considérablement augmenté. Le Samu social déclarait en placer quatre cents en 2000 contre trois mille – dont mille cinq cents enfants – début 2005.

Au premier étage, dans la salle des petits déjeuners

aménagée en chambre de fortune où sont éparpillées une dizaine de bougies pour adoucir la tristesse de l'ambiance, un couple se dispute.

Passablement éméché, le veilleur de nuit de l'établissement veut de nouveau boire. Sa petite amie tente de l'en dissuader.

– Tu n'es pas ma nounou, rugit l'employé.

– Je ne le suis peut-être pas. Mais alors pourquoi faut-il toujours que ce soit moi qui te borde ?

Ce dialogue n'est sans doute pas mot pour mot celui qui a eu lieu mais le résultat revient au même. Le ton monte. Chacun emploie des termes qui dépassent sa pensée. La colère gronde.

De rage, négligeant les bougies allumées, la jeune femme jette bientôt des vêtements à travers la pièce et décampe sans se retourner en claquant la porte. La suite se devine, hélas, facilement. L'un des vêtements s'enflamme, les flammèches s'attaquent à d'autres matières inflammables et un incendie se déclare.

Dans les immeubles vieillots du cœur de la capitale, construits avec des escaliers en bois, nantis de minuscules courettes qui facilitent l'appel d'air, et privés de toute issue de secours, le feu se propage vite. Ici, il gagne rapidement les cinq étages.

Le bilan en pertes humaines est lourd. Selon la préfecture, quatre-vingts personnes pour soixante et une places disponibles résidaient en ces murs. Au terme de cette terrible nuit, on compte vingt-quatre morts dont douze enfants. Vingt-sept blessés dont quinze mineurs.

Depuis le sinistre du collège Édouard-Pailleron en 1973, jamais catastrophe n'a été aussi meurtrière.

La brigade criminelle enquête. Très vite, il apparaît que le Paris-Opéra a subi trois semaines plus tôt un contrôle de sécurité qui recommandait de procéder à des « améliorations » sans interdire pour autant la « poursuite de l'exploitation ».

Le lundi 18 avril, suite à une dénonciation anonyme, la petite amie du veilleur de nuit placée en garde à vue avoue ce qui s'est passé le soir du drame.

Le parquet de Paris abandonne la thèse de l'accident et inculpe la jeune femme pour homicide et blessures involontaires.

*
**

L'affaire fait grand bruit. Le spectacle des flammes divulgué à la télévision tétanise le public. Un frisson d'effroi étreint la France entière ; nombre d'Africains qui se savent encore plus mal logés que les locataires de cet hôtel s'inquiètent.

On prend conscience de la « vraie » réalité. Ce n'est pas seulement l'imprudence ou l'inconscience de l'inculpée que l'on met vraiment en cause. Avant de découvrir son involontaire participation, la police évoquait la déficience du système électrique. Quelle que soit la raison « ponctuelle » de ce drame, ce bouleversant fait divers résonne comme une alerte.

Des collectifs, des comités de soutien regroupant des défenseurs du droit au logement se forment. Des manifestations s'organisent. On ressort des rapports sociaux, notamment celui de la Fondation Emmaüs publié en janvier 2005. Il avance le chiffre de quatorze pour cent de mal logés, soit huit millions six cent mille personnes. Près d'un million bénéficierait de l'hospitalité de tiers, un chiffre en augmentation de cinq pour cent. Quatre-vingt-six mille cinq cents seraient sans domicile fixe. Il paraîtrait par ailleurs que le nombre des HLM a baissé d'environ six pour cent entre 2001 et 2004.

On a beau critiquer les chiffres, ils traduisent les incohérences d'un système.

Autre énormité : l'appréciation de certains bâtiments voués à abriter une population d'origine étrangère, jugée indésirable pour bon nombre de bailleurs ou de propriétaires. Les experts semblent se satisfaire de certaines configurations pourtant alarmantes. On parle à la rigueur de vétusté quand il faudrait parler d'insalubrité, de danger, de mise en cause de la vie même des occupants.

Quand on regarde de près ces explications, il n'est pas étonnant qu'il reste encore neuf cents et quelques de ces bouges et gourbis non interdits au public. Pourtant on devrait les surveiller et les contrôler avec sérieux. C'est rarement le cas. Du moment que la charpente, la façade, la structure des murs et des fondations – l'extérieur en quelque sorte – sont « solides » et en « bon état », les experts considèrent que les lieux de leur inspection correspondent à des critères acceptables.

C'est ce qui s'est passé dans notre immeuble, boulevard Vincent-Auriol. Les architectes ont effectué une visite. Aucun ne s'est attardé dans l'un de nos logements. Après vérification de la construction, ils ont déclaré que cette bâtisse ne risquait ni de s'écrouler ni de s'effondrer.

L'immeuble, donc, n'encourait aucun danger. Que des êtres humains, dans ses murs, vivent comme des bêtes n'intéressait manifestement personne.

⁂

Peu de temps après le drame du 14 avril, une équipe du journal de France 2 nous rend visite et décide de tourner un reportage sur nos taudis.

Curieusement, ils me demandent de leur servir de guide. En fait, ils ont déjà proposé à plusieurs femmes de le faire mais elles ont refusé. Les mères me poussent à prendre la parole en leur nom. J'accepte.

Pour des raisons évidentes dues à notre propre drame, j'ai, hélas, revu ces images filmées plus souvent que je ne l'aurais souhaité. Il me semble connaître par cœur le mouvement de la caméra qui capte les visages, les regards, les paroles des enfants de Mme Cissé, une voisine, présents ce jour-là et qui nous ont quittés.

Mais au-delà de la peine, du chagrin, du désespoir, il me faut poursuivre pour que l'âme de nos chers disparus repose en paix et cesse leur errance à jamais.

Quoi qu'il en soit, le reportage de France 2 diffusé en avril 2005 insiste avec des gros plans sur les pièces exiguës, les plafonds poreux comme de l'éponge, les cuisines où l'on s'entasse comme dans un ascenseur, les briques en dessous des éviers qui se descellent, les rats qui passent à travers les brèches des murs, les cloisons non étanches, les cafards et autres bestioles, les douches pourries où l'eau dégouline du plafond, le lino qui se décolle... Sans compter, au rez-de-chaussée, les compteurs électriques bardés de Scotch rouge où on lit qu'il est interdit de toucher et même d'approcher. Il ne viendrait d'ailleurs à personne l'idée de désobéir à cette injonction. Même les mômes voient au premier coup d'œil que l'installation craint !

Les mômes... Toute notre ribambelle si remuante, si joyeuse, si vivante qui amène tant de fraîcheur et d'insouciance dans ce monde abrupt...

À la journaliste qui le questionne, un des petits de Mme Cissé explique, en montrant les lits superposés qu'il partage avec ses frères :

– En pleine nuit, un gros rat a sauté dans mon lit et m'a mordu là, au visage.

Voilà où nous dormons, dans quoi nous survivons : un logement « intermédiaire » dont le bail se prolonge d'année en année parce que nos demandes demeurent lettre morte.

Regardez !

N'y a-t-il pas de quoi hurler ?

Et moi d'ajouter, lors de ce direct :

– Parce que nous vivons en communauté, les autorités nous prennent pour des sauvages...

Il paraît que j'ai dit aussi, ce jour-là :

– Si un incendie se déclare dans la cage d'escalier, on sera dans la merde !

Pourquoi ai-je dit cela ? Par prémonition ? Par simple bon sens ? Par peur ? Ou parce que j'étais choquée par l'incendie du Paris-Opéra ? Je l'ignore, mais je l'ai dit. Et cette petite phrase anodine va de surcroît me procurer des ennuis. Les mots sortent parfois sans que nous réfléchissions comme des mises en garde, des avertissements. Pourtant, comme je n'ai pas conscience de les avoir prononcés, je les oublie. Et, bien sûr, je n'en tiens pas compte.

Pour mon malheur et celui des miens...

– Chapitre 2 –

UNE JOURNÉE BANALE...

Jeudi 25 août 2005

L'été n'en finit pas. Après dix-sept ans d'absence, ma mère est partie quelque temps revoir sa famille au Mali avec trois de mes frères et sœurs. Nous l'appelons régulièrement. Elle nous manque.

Le climat n'est pas idéal. Dehors ou dedans, la pollution nous suffoque. Beaucoup de pluies ont encore aggravé l'humidité qui suinte des murs. Malgré la saison, les enfants toussent, souffrent d'asthme ou d'eczéma. De les voir ainsi ne remonte pas forcément le moral. Je passe mon temps à les enduire de crème à base de karité, un produit dont nous, les Africains, abusons. En général nous l'utilisons l'hiver, car nos peaux craignent la piqûre du froid. Mais avec ces problèmes d'habitat nous en mettons toute l'année, tant notre épiderme recherche un semblant d'apaisement.

En dépit de ces « inconvénients », nous continuons

de nous amuser, de danser, de chanter. Souvent, je prends ma petite Niamé sur mes genoux et je lui murmure des comptines africaines en jouant et en tapant dans mes mains. Elle m'imite. Les mots sont intraduisibles mais l'effet est garanti : un sourire radieux illumine son visage.

Avant-hier, pendant une éclaircie, nous sommes allées toutes les deux faire les magasins afin de lui acheter des vêtements pour la rentrée des classes ; beaucoup de rose dont elle raffole et des baskets dans la même tonalité. Toujours ensemble, délaissant le square Balanchine où elle retrouve d'habitude ses copains et copines du quartier, nous avons marché jusqu'à la gare d'Austerlitz et lézardé dans le jardin des Plantes...

Ce jeudi 25 août, je me lève. Aussitôt, les gamins de la famille nous rejoignent et se précipitent pour manger des céréales avec du lait.

Tout de suite après, Niamé décide de s'habiller.

– Toute seule, je veux le faire toute seule ! précise-t-elle du haut de ses trois ans passés.

Sans attendre ma réponse, elle file chercher, sur l'étagère où nous mettons nos affaires, une robe qu'elle enfile en deux temps trois mouvements. Je la regarde et lui souris. Elle est vraiment très jolie. Me voyant ranger les bols dans l'évier, elle attrape une éponge et hurle :

– Je vais nettoyer la table.

Prise dans son tourbillon, je la suis et éclate de rire :

– Procède par ordre, tu n'as même pas mis de culotte !

De concert, mes frères et sœurs, guère plus âgés qu'elle, les enfants de Dama et de Bay, reprennent en rigolant :

– Elle a pas de culotte ! Elle a pas de culotte !

– Taisez-vous ! dis-je en prenant l'air sévère. Espèces de garnements ! C'est quoi, ce cirque ?

– Mais elle a pas de...

– Et alors ? Allez vous habiller plutôt que de regarder ce que fait l'autre...

– On préfère jouer à la Play-Station, annonce la petite troupe des garçons.

– Tu sais, dès que mon nettoyage sera fini, je vais aller la mettre, ma culotte, me déclare Niamé, toujours très responsable.

En guise de réponse, je passe ma main dans ses boucles brunes. Mais quelqu'un frappe à la porte. Je vais ouvrir. C'est une voisine qui désire emprunter la friteuse. Je vais la chercher et la lui donne. Ensuite je me prépare pour sortir. Je dois aller acheter des mèches, car ma cousine vient exprès pour me les fixer dans l'après-midi. D'habitude, c'est moi qui coiffe mon entourage. J'adore ça. Je me plais à transformer la tête des voisines, des copines, des cousines ou de mes sœurs. C'est monnaie courante dans notre communauté, de rendre ce genre de services contre un échange... monétaire. Moi, je le fais gratuitement. Il ne me viendrait pas à l'idée de demander une contribution.

Je trouve super de rendre service. Surtout pour un truc qui me plaît autant.

Au travail, derrière le comptoir du fast-food, c'est pareil. J'aide les collègues en difficulté. Je leur montre comment il faut faire. Quand elles sont trop fatiguées, j'accomplis le boulot à leur place. C'est dans ma nature. Je ne supporte pas de les voir ramer.

Coiffer les autres me distrait. Et me coiffer moi-même m'enchante. C'est fou ce que l'on peut inventer avec des postiches, des nattes et des perruques. Un jour, je rassemble et lisse ma chevelure avec du beurre de karité, la coince dans un élastique et rajoute une queue de cheval de cheveux noirs bouclés du plus bel effet. Le lendemain, je me pare d'une perruque d'une couleur différente. Changement de look, changement de cap ! Une autre femme surgit et prend ma place...

Ce matin, je désire de longues mèches de différents tons dégradés allant du blond au roux. Pour cela, je dois me rendre dans un magasin spécialisé où j'ai mes habitudes.

Lorsque j'en reviens, une terrible migraine me taraude et m'enserre la tête au point que je bouge difficilement. En dépit de ce malaise, j'aide Bay, ma tante, dans la préparation du déjeuner. Au menu : riz, petits pois et bifteck. On mange, ma tante, ma cousine qui vient d'arriver avec sa petite, Niamé, mes sœurs et moi.

Un peu après, ma cousine entreprend de me détendre et de me masser le cuir chevelu avant de commencer son chef-d'œuvre. Nous nous installons pour un long moment. Autour de nous, les autres piaffent. On se répète ce que l'on aimerait préparer pour le retour de Wandé le dimanche suivant.

– Quand tu lui as parlé, tu lui as demandé, pour les boubous ?

– Évidemment ! Elle a déjà pensé à tout. Ses valises sont presque prêtes.

On minaude. On joue aux maniérées et aux grandes dames. Là-dessus un de mes frères débarque, accompagné du cousin qui dort chez nous depuis la veille et avec lequel il s'entend hyper bien. Ils allument la télé. Et chacun dans son coin d'élever la voix pour se faire entendre. Bientôt, c'est à celui qui parlera le plus fort. Et on commente l'émission à grands cris, avec de joyeux rires, dans un beau chahut.

Cinq minutes plus tard, un autre frère arrive et zappe le programme. Protestation générale :

– Non mais pour qui tu te prends ?

– C'était nul !

– On s'en fiche. C'est ce que nous voulions.

– Impossible, c'est trop nul.

La marmaille se rue sur la télécommande. On se croirait en plein match de rugby. Je fais mine de me précipiter pour rejoindre la mêlée mais ma cousine devine mon geste et tire sur mes cheveux afin que je reste à ma place. Dommage !

Dans la glace posée de guingois sur une chaise, elle me sourit, je lui réponds par une grimace. Les garçons se mettent enfin d'accord, s'affalent sur le divan ventru qui remplit la majorité de la pièce et regardent un feuilleton américain.

Mon autre frère rentre du travail, bientôt suivi par mon père. Les femmes s'activent pour le dîner. Les oncles, en fait des amis, des Maliens qui résident dans le foyer pour travailleurs immigrés de la rue Giffard, passent pour nous saluer. On les invite à se mettre à table puis on dîne. La soirée s'amorce, tranquille.

Après le repas, les petits nous disent bonsoir.

– Est-ce que je peux mettre mes baskets ? me demande Niamé pour la dixième fois de la journée.

– Pas avant le jour de la rentrée, dis-je sans varier de réponse.

– Là, c'est pas pareil. C'est juste pour dormir.

– Justement ! Tu n'en as pas besoin. Mais t'inquiète, l'école c'est pour très vite. Tu n'as plus qu'à dormir une petite semaine et ensuite tu y seras...

Pour le principe, ma princesse boude mais je tiens bon.

– Rien qu'un peu, essaie-t-elle encore.

– Non, et va te coucher au cinquième, comme je te l'ai dit, ce soir.

– Non !

– Si, je te l'ai expliqué. Exceptionnellement, parce que la cousine et sa petite sont là, tu vas te coucher là-haut.

Ma fille insiste, me fait les yeux doux et tire sur le tissu de mon pagne. J'éclate de rire.

– Niamé ! Ne profite pas de mon mal de tête ! On se verra demain matin. Allez... Va ! Et sois sage...

Ma fille finit par acquiescer, court chercher son pyjama et se dirige vers la porte. Les autres petits la suivent. La Play-Station sous le bras, ils montent au cinquième où eux dorment tous les soirs.

– Cette gamine va toujours plus vite que les autres. Elle est la première à montrer le bon exemple, s'extasie ma cousine avant de prendre son bébé pour l'allonger dans la pièce voisine, sur le matelas que nous allons nous partager toutes les trois.

Restés entre grands, nous continuons de vaquer à nos occupations : ma cousine et moi nous coiffons pendant que les hommes palabrent et que les jeunes garçons plaisantent.

Soudain, le son de la télévision diminue. Une musique apocalyptique remplit la pièce. Ma cousine gronde :

– C'est quoi, ce radiocassette qui braille ?

Mais personne ne lui répond. Le spectacle qui s'offre à nous est ahurissant. Mes frères et le cousin, sapés comme des filles, perruqués et habillés avec mes affaires, viennent d'entrer.

– Ce soir, on vous présente les *drag queens* du quai de la Gare, ânonnent-ils, soit avec une voix de bateleur de foires, soit avec des accents efféminés.

On les charrie. On les hue. Ils en rajoutent. Une demi-heure, ils nous distraient avec des gags à la façon de Gad Elmaleh et d'Anthony Kavanagh, des comiques qui ont une cote grave auprès des ados. Puis ils se lassent d'eux-mêmes, se dépouillent de leurs travestissements, retrouvent leurs allures de jeunes mâles et montent eux aussi se coucher.

*
**

Au cours de la soirée, selon son habitude, Bay monte voir les enfants à plusieurs reprises. À chaque retour, elle nous donne des nouvelles. Une fois, elle vient d'éteindre la lumière ; celle d'après, ils se sont enfin calmés et dorment comme des anges.

23 heures et plus. La nuit se dilate. Nous avons le temps. La famille Diarra, comme nombre de personnes de notre communauté, aime naviguer dans l'obscurité, surtout pendant la touffeur des soirs d'été. On ouvre la fenêtre. Dehors, les bruits se mélangent aux odeurs.

D'étage en étage, on perçoit l'existence des voisins. Fragments de vie, de couleurs, de saveurs, de musique et de joie. Même si du troisième on entend le moteur de quelques voitures, on profite de la quiétude estivale, de ce Paris dédaigné par la plupart de ses habitants, dont on a l'impression à ce moment-là qu'il nous appartient un peu plus que le reste de l'année.

Les palabres se poursuivent comme des balles qui rebondissent sur une table de ping-pong. Pour l'heure, les discussions sont monopolisées par les crashs aériens qui dévastent le ciel depuis le début des vacances.

– Un en Grèce...
– Non ! C'était au Pérou...
– Et puis surtout celui du Venezuela !
– Avec cent cinquante-trois Martiniquais à bord...

– C'est la loi des séries, philosophe un de nos invités qui tarde à prendre congé, en compagnie des autres hommes.

Un peu abrutis par la fatigue, nous restons dans le séjour où se bouscule quand même pas mal de monde, mon père, ma tante, ma cousine, les « oncles » et moi. Sans savoir pourquoi, on ne va pas se coucher, on s'attarde devant le petit écran. La nuit semble nous inviter à un étrange voyage. On ne s'en formalise pas. C'est l'appel d'un univers parallèle où plus personne ne peut nous atteindre, où l'on se retrouve dans un monde sans frontières, une oasis rien qu'à nous, entre désert et bords de Seine.

Une heure supplémentaire s'écoule. On recule encore le moment de prendre congé. Le téléphone sonne : c'est ma mère qui appelle pour la troisième fois de la journée. Ma tante annonce alors qu'elle va jeter un coup d'œil au cinquième. Je la suis du regard. Tranquillement, avec son côté altier, sa silhouette de rêve, drapée dans une belle djellaba, elle se dirige vers la porte. Un instant, nous nous taisons pour l'admirer.

Quand je repense à cette scène, il me semble que ces minutes ont duré une éternité...

Bay ouvre la porte. Et la referme aussitôt d'un geste d'une violence inouïe. Sans comprendre, on aperçoit l'effarement de ses yeux. Elle se retourne de nouveau, actionne la poignée de la porte, franchit le seuil et tente de gagner le palier. Elle disparaît une seconde puis revient sur ses pas, précipitamment, en reproduisant le geste qu'elle a déjà fait la fois précédente. La porte claque. Elle s'adosse au mur et trouve enfin la force d'articuler :

– Il y a le feu ! Là, juste dehors... J'ai vu la fumée.

– Le feu ? répète Dama.

Déjà les émanations d'oxyde de carbone envahissent la pièce. Immédiatement, je pense à ma petite Niamé, là-haut, au cinquième. Il me semble qu'un poignard me cisaille le ventre. J'ai peur.

Par réflexe, je regarde l'heure affichée sur le magnétoscope. Il est 0 h 15.

Un des mes oncles, qui tient le téléphone dans une de ses mains et est en train de parler avec ma mère, lui crie :

– Il y a le feu !

La seconde suivante, il hurle qu'il n'entend plus rien. Puis il jette l'appareil à travers la pièce comme s'il s'était transformé en serpent. Une sorte de silence pesant s'installe. Épais. Effrayant. Personne n'ose bouger.

– Chapitre 3 –

AUX PORTES DE LA MORT

Le choc de la surprise passé, nous essayons d'aller sur le palier pour nous rendre dans les étages supérieurs, mais les flammes envahissent l'escalier. Une odeur âcre nous agresse la gorge et, dans l'impossibilité de bouger, voire de respirer, nous nous réfugions dans le séjour du troisième.

Dans la bousculade, nous perdons ma petite sœur. Je l'appelle. Affolée, ma tante court dans l'appartement pour vérifier qu'elle ne s'y cache pas. Mais elle demeure introuvable. On s'aperçoit que Dama a les cheveux brûlés. L'un de nous referme la porte. Je me précipite pour la rouvrir en hurlant :

– Niamé !

Aussitôt un des hommes présents me ceinture et m'empêche de sortir.

En quelques secondes, notre existence a viré à la catastrophe. On s'agite. On crie. On hésite sur les dispositions à prendre. Dans ce désordre, quelqu'un ordonne en pleurant de rejoindre les petits, un autre beugle : « Impossible ! » On se lamente, on geint. Tout cela ne dure qu'un court instant mais on a l'impression que la vie s'est arrêtée. Ma cousine suffoque :

– De l'air ! Vite !

Dans le même mouvement, tout le monde se précipite pour atteindre la fenêtre. Par manque de place, je n'ai comme recours que celui de me recroqueviller sur le sol. L'instinct de survie me guide. Au fond de moi monte la recommandation d'un pompier que j'ai entendu à la télévision : il faut se mettre à terre, juste au-dessous des courants de fumées et se poser un tissu sur le visage.

Un tissu ? Je relève la tête et je cherche autour de moi...

À ce moment-là, on entend une explosion et la lumière s'éteint. J'arrache mon pagne et je m'en couvre la bouche et le nez pour mieux respirer.

Ma cousine veut jeter sa fille par la fenêtre. Mon père l'en dissuade. Ils cherchent une solution, essaient de regarder vers le toit.

– On ne voit rien, gémissent-ils.

Moi, dans cette agitation, je ne pense qu'à Niamé. Que se passe-t-il là-haut ? J'ai un affreux pressentiment. S'il lui est arrivé quelque chose, jamais je ne pourrai lui survivre. Tout est foutu. Je le sens. Je me prépare à la mort. Je ferme les yeux et me contente d'inspirer et de souffler à travers le coton qui me permet de ne pas trop inhaler de fumée.

Devant l'ouverture béante, ma famille tenaillée par

l'horreur se débat. Dans la bousculade, quelqu'un glisse. Suit un grand cri. Bay hurle :

– Dama !

Comme une furie, je me relève et cours à la fenêtre. Les autres se poussent pour me faire de la place. Je regarde vers le sol. Mon père, habillé de soie, est étendu et ne bouge plus.

À mes côtés, la famille crie à l'aide. Je tente de lever la tête mais la fumée, plus encore que les flammes, m'empêche de voir les toits de l'immeuble. Le désespoir me fait suffoquer. Je tourne alors mon regard vers le bas et scrute la silhouette de Dama. Je suppose qu'il est mort.

On dirait que le temps s'est arrêté. Autour de nous, l'angoisse. La panique, impossible de réfléchir, d'agir. On reste là, hagards, à attendre les secours. Dans les étages, au-dessus, au-dessous, partout, résonnent des hurlements. Dans la rue, des gens appellent au secours.

Cinq minutes plus tard, des policiers accourent. Je les vois s'accroupir sur le corps de mon père. À ce moment-là, Dama lève le bras gauche et le pointe en direction de sa jambe et de son bras droits. Je me surprends à pleurer de soulagement. Au bord de l'hystérie, je dis :

– Il est vivant ! Il est vivant ! Regardez, il montre où il a mal.

Dix minutes se sont écoulées lorsque les pompiers arrivent. On les entend plus qu'on ne les voit. Ils surgissent peu de temps après dans notre appartement, munis de bonbonnes à oxygène, et nous évacuent vers l'extérieur en nous tendant des feuilles d'argent, ce qu'ils appellent des couvertures de survie, et nous demandent de descendre. Je leur crie que des enfants dorment là-haut. Je les supplie de chercher ma fille, ma petite sœur et les autres membres de la famille. On dirait qu'ils ne veulent pas m'entendre. J'insiste. Mais ils ne me répondent toujours pas. J'insiste encore. En vain.

Une fois dans la rue, je cavale vers Dama. Comme je m'approche de lui, un homme me retient par le bras et m'empêche de le toucher. On me bouscule. Quelques pompiers se hâtent vers nous en portant un brancard. Ils y installent mon père. On me bouscule encore. J'essaie de leur parler, de les alerter :

– S'il vous plaît, dépêchez-vous de monter au cinquième, il y a une dizaine d'enfants, des familles entières qui attendent les secours...

Mais dans la mêlée, il me semble que personne ne m'écoute ou ne fait attention à moi. J'essaie de m'agripper à un képi ou à des bonshommes en habit de sauvetage. Pour toute réponse, ils me poussent et repoussent sans tenir compte de mes avertissements. Je me cramponne encore à l'un d'eux ; le regard vide, le visage de marbre, il m'écarte et passe son chemin.

Bientôt les équipes de sauvetage sortent des corps. À travers la foule qui s'agglutine, je reconnais Mamou, une voisine, et son fils sur des brancards. Ensuite je vois Ada et son enfant. Leurs peaux sont toutes roses.

Je me dis : « Ils sont morts », puis tout de suite après, je murmure pour m'en convaincre : « Non, ils ne sont pas morts, ils vont à l'hôpital. »

Non loin de moi, dans la cohue, je distingue le mari de Mamou qui semble sortir de l'enfer et ne prononce pas un mot, les dents serrées, le regard hanté. À quelques mètres, Mohammed Cissé, le cousin de ma voisine que j'aime tant, un masque d'inquiétude gravé sur ses traits, essaie d'avoir des nouvelles. Comme les miennes, ses questions tombent dans le vide.

Des membres de la Croix-Rouge me rejoignent. Grâce à cette couverture d'argent qui me couvre, ils m'ont repérée et me proposent de les suivre dans un café transformé en centre d'accueil. Je leur demande :

– Il y a des morts ?

– Oui... me répondent-ils après une courte hésitation.

J'insiste :

– Et des survivants ?

– Oui, bien sûr...

– Combien ?

– Un seul enfant de huit ans, avouent-ils.

Ce n'est pas ma fille. Dans mon esprit embrouillé, j'essaie de réfléchir. Qui a huit ans parmi nous ? Un de mes frères. Ou le fils de Mme Cissé. En tout cas, pas ma fille. Je hurle en moi-même : « Ma fille est morte ! »

Et je répète en criant :

– Ma fille est morte !

J'éclate en sanglots. Une des secouristes essaie de me passer la main dans le dos pour me réconforter mais je la dévisage d'un air absent. Elle recule. Je pleure encore. Elle se rapproche et je m'écroule dans ses bras.

La mort me frappe de plein fouet. Pour la première fois de ma vie, elle fauche l'un des miens. Le plus proche, le plus aimé. La chair de ma chair. Une partie de moi. Ma fille, mon ange, mon adorée !

Comme une folle, je ne cesse de balbutier :

– Ce n'est pas possible. Ça ne se peut pas. Je ne lui ai pas dit au revoir... À ma chérie, à ma petite Niamé...

Un homme me tend une tasse de liquide chaud que je refuse. Ma voisine essaie de me faire parler. Mais je baragouine des sons incompréhensibles. Seule, meurtrie dans ma détresse, je me recroqueville sur moi-même.

Dans ce café, comme dans une espèce de brouillard, apparaît alors mon oncle, le père de mon cousin décédé, que j'ai prévenu par téléphone. Il se précipite vers moi et me pose des questions. Tant bien que mal, je lui résume ce qui s'est passé.

À la fin de mon récit, il tape la table de son poing et se mord la bouche. En état second, je regarde le sang perler à la commissure de ses lèvres. Mais ni lui ni moi ne réagissons et nous restons là, sans plus pouvoir exprimer quoi que ce soit.

Je ne sais combien de temps après, d'autres personnes viennent nous chercher et nous dirigent vers des camions de pompiers. On nous conduit alors dans un stade, un gymnase de la Porte d'Italie.

Là, les secours nous installent sur des matelas de fortune. Des équipes s'agitent et se présentent à nous. Plus tard, je vais comprendre qu'il s'agit d'une « cellule médico-psychologique du Samu de Paris », comme ils disent. Mais sur le moment, rien ne me pénètre. Je demeure hermétique à toute explication. Sourde, aveugle, stupide. En état de choc.

Dans ce malheur, retrouver des visages familiers est la seule chose qui me réconforte un peu. On a besoin de se voir. De chercher un signe de reconnaissance, une complicité, une évidence. Devant les amis, on n'a pas honte d'exprimer son chagrin. On est dans le même état, on partage le même désespoir.

La journée se poursuit. Les heures s'égrènent dans une lenteur mortelle. Il faut s'astreindre à ne pas penser. Le moindre mouvement devient un exploit, un dépassement de l'angoisse. Les médicaments nous soutiennent et nous permettent de... De quoi, au fait ? D'aborder l'inacceptable ? Non, on n'en est pas là. Il faut juste survivre et en accepter l'éventualité.

En fin de journée, quand je réalise où nous sommes, c'est-à-dire dans une immense salle de gym qui ressemble à un tombeau, ma respiration se bloque. Je me mets à tousser. À suffoquer. J'entends quelqu'un crier.

Un médecin se précipite. Il diagnostique une crise d'asthme et ordonne que l'on me transfère à l'hôpital.

Quel hôpital ? Peu importe. Je ne me souviens de rien. Le manque d'air accroît mon malaise. L'étouffement m'enlève la conscience. Je perds pied.

*
**

8 heures du matin, le vendredi 26 août

Je me réveille dans une sorte de cellule impersonnelle, dans un service d'urgences. Le personnel hospitalier s'affaire autour de moi. J'ai l'impression d'être sortie de mon corps et d'assister à un spectacle qui ne me concerne pas. Les infirmières me donnent le traitement adéquat, oxygène et autres soins, puis elles me distribuent des calmants. Je m'endors.

Quand je reprends conscience, en début d'aprèsmidi, je demande aussitôt à rejoindre le reste de ma famille au stade. Le personnel de l'hôpital comprend mes motivations et facilite mon transfert. Il est 15 heures. Je le retiens d'autant mieux que je m'enquérais sans cesse de l'heure. Sans doute pour me constituer, en dépit de ce cauchemar, un semblant de repères...

Dans ces instants terribles, j'éprouve l'absolue nécessité de retrouver ma famille et ceux qui ont vécu la même chose que moi, comme s'ils étaient les seuls à pouvoir comprendre ce que je ressens.

Dans le gymnase, pendant mon absence, les secouristes ont installé des tentes afin que nous ayons un peu d'intimité.

En proie au désespoir, Bay accourt vers moi :

– Ils sont tous morts, j'ai perdu tous mes enfants, il ne m'en reste qu'une...

Sa fille, ma demi-sœur, qui n'était pas là au moment du drame mais dormait chez sa grand-mère maternelle, la mère de Bay, me regarde en soupirant. Elle ne comprend pas vraiment notre détresse. Elle a juste deux ans de plus que ma Niamé. Elle est si pleine de vie, si mignonne. Je l'étreins, je l'embrasse, j'essaie de lui sourire. Mais j'ai l'impression que tous les mots, tous les gestes tombent dans le vide.

En écoutant Bay, je réalise qu'elle exprime ce que je refuse d'admettre, à savoir la disparition de mon « bébé » et des autres enfants. Et je me force à observer la situation sans sentiments, pour ne pas m'effondrer ni succomber à une nouvelle crise d'asthme.

Anesthésiée par les médicaments, je comprends qu'en plus de ma fille, sept de mes quatorze frères et sœurs sont morts ainsi que mon cousin qui n'habitait pas là, il était de passage. Des membres de ma fratrie présents ce soir-là, il ne reste qu'un survivant. Je ne peux même pas hurler ma douleur : tout le monde, ici, souffre à sa façon. Et puis, plus que la douleur, une colère m'envahit. Pour la juguler, je me tourne vers les autres, encore plus affectés que moi.

Me rapprochant de Bay, je lui murmure :

– C'est la faute de Dieu.

La faute ? Ça ne va pas ou quoi ? Je me reprends :

– C'est l'œuvre de Dieu. Ils sont bien maintenant où ils sont. Ils reposent en paix. Loin des tourments de ce monde.

Mais comment consoler une mère ? Je suis bien placée pour savoir que cela relève de l'impossible. Alors on continue de pleurer sans faire de bruit, en essayant de rester dignes.

Dans l'après-midi du vendredi, une équipe de journalistes effectue un repérage dans le stade. Ils souhaitent interviewer l'un des survivants. Naturellement, les femmes viennent me voir. Alors que je refuse de témoigner, elles insistent.

– Il faut que tu sois notre porte-parole. Tu sais t'exprimer. Vas-y ! Dénonce l'horreur... Dis ce que nous pensons. Nous te faisons confiance.

Dans un état de zombie, je prends le micro que l'on me tend. Je ne me souviens pas de mes propos. La souffrance efface ce qui me reste de mémoire. Trop de douleur obscurcit ma tête. Complètement déboussolée, je navigue au radar. Après l'interview, je m'écroule sur ma paillasse et m'endors dans un état comateux, sûrement à cause des comprimés ingurgités.

Toujours sous l'emprise des somnifères, je passe la journée dans un semi-brouillard soit à somnoler, soit à discuter avec nos anciens voisins et la famille. Il me semble que nous sommes tous assommés. Le mélange des médicaments et du choc, sans doute.

En fin d'après-midi, un agent de police demande après moi. Il vient, dit-il, me chercher pour me conduire quai des Orfèvres. Après les reporters de la télévision, je vais devoir raconter notre histoire à la justice.

Moi ?

Pourquoi moi ? Toujours moi !

Mais ce n'est pas ce que je crois. Ce n'est pas le porte-parole ou le témoin qui est invité à comparaître, mais un suspect.

Oui, un suspect ! Je suis « suspectée » ! Ça me rend folle. Hors de moi... C'est une aberration.

Dans les locaux de la police judiciaire qui longent la Seine vers Saint-Michel, un monsieur désire savoir si je suis impliquée dans ce sinistre.

Sinistre ! Un vilain mot, non ?

Quoi qu'il en soit, ce policier m'auditionne. Je serais bien incapable de discerner le grade de mon interlocuteur. À vrai dire, ça m'est égal. Sans répit, le représentant de l'ordre me pose des questions et me tarabuste.

– Pourquoi avoir déclaré à la télévision que si un incendie se déclarait dans la cage d'escalier de votre immeuble, ça risquerait de faire mal ?

– Je ne sais pas, ça semblait évident !

Il insiste. Que cherche-t-il, à la fin ? À me faire avouer un incendie volontaire ? À définir ma part de responsabilité ? C'est absurde. Ne sait-il pas combien j'ai perdu d'êtres chers dans ce drame ? Imperturbable, il poursuit son interrogatoire. Rien ne m'est épargné. Ni le désespoir, ni l'opprobre.

Faute de preuves ou d'arguments, il me relâche. Ses sbires me raccompagnent au stade.

La nuit tombe. Les survivants se préparent pour un nouveau voyage au bout des ténèbres. Les équipes médico-psychologiques – c'est ainsi qu'elles s'appellent entre elles – nous distribuent des tranquillisants.

Une fois dans la solitude de la tente, je me souviens que maman doit revenir du Mali le surlendemain. D'imaginer sa douleur à l'annonce de ces nouvelles me broie le cœur. Mais je m'efforce de refouler l'angoisse et de reprendre ma respiration, comme on m'a dit de le faire à l'hosto.

Je repense à papa gravement blessé, à ceux qui nous ont quittés. Qu'ils soient en réalité mes demi-frères et sœurs ne fait pas de différence pour moi. Je ne m'arrête pas et je ne me suis jamais arrêtée à ce genre de détail. Ils sont les fils et les filles de Dama. Qu'ils aient été portés par une autre femme que ma mère ne me les rend pas moins précieux. Au contraire. Nous appartenions tous à la même famille. Et leur disparition me bouleverse autant que celle de ma fille et du cousin. Nous sommes, nous étions les membres d'un seul être.

Mon père adorait ses petits. Comment allons-nous lui annoncer qu'il les a perdus ? Comment survivre à cela ? Cette pensée me révulse. Je tremble de tout mon corps.

Avant que le sommeil ne m'aspire, je vois leurs visages se pencher sur moi. Tels des angelots, ils me parlent. Puis, suspendue à leurs lèvres, calmée par leur présence, je m'endors. Et je me retrouve à errer en les cherchant entre ciel et terre.

– Chapitre 4 –

APRÈS LE DRAME

Le dimanche 28 août

Ma mère, mes trois frères et sœurs rentrent du Mali. Un de mes frères est allé les accueillir à l'aéroport. Moi, je les attends devant les grilles du stade des heures durant, à l'affût du véhicule qui va me ramener ma chère maman. J'ai toujours le cœur en miettes et l'esprit embrouillé. J'ai appris, il y a quelques heures seulement, que mon petit frère âgé de huit ans, le dernier de ma mère, était mort lui aussi. Ça faisait deux jours que l'on nous faisait « patienter » car on n'arrivait pas à déterminer si c'était son corps ou celui du fils de Mme Cissé...

Soudain je les aperçois. La voiture passe devant moi. À l'intérieur, sur la banquette arrière, ma mère est secouée par les larmes. Quand nos regards se croisent, je lui intime de se calmer.

Je cours derrière eux pour les rejoindre. Lorsqu'elle descend de l'automobile et qu'elle m'ouvre ses bras, ses pleurs, ses cris reprennent. Elle ne cesse de répéter en gémissant :

– C'est la voie de Dieu. Mais quelle voie ! Elle est trop abrupte.

Alors je la supplie :

– Je t'en prie, je t'en prie. Pitié !

Elle m'étreint puis se mure dans le silence. Impossible de décrire ce que nous traversons dans ces moments de retrouvailles. Je me tourne vers mes trois frères et sœurs qui l'accompagnent. Leur chagrin est poignant, prégnant, indescriptible.

Incapable de trouver les mots, les gestes adéquats, j'ai l'impression d'être transformée en statue. Je les regarde l'air hébété, dans un état d'abrutissement grave. On doit tous être pareils. Mais on ne s'en aperçoit pas. Le désespoir, la détresse nous submergent. Face à l'accablement, il ne nous reste que la dignité et une foi aveugle qui nous forcent à avancer.

Quelques heures plus tard, toujours accompagnée de mon frère, maman se rend à l'hôpital de La Pitié, au chevet de mon père à qui l'on a diagnostiqué des fractures du bassin, de la jambe et du bras droits. Je ne vais pas avec eux car je n'ai pas la force de mentir à mon père et de lui taire la mort de ses petits.

Immobilisé dans les plâtres et l'appareillage qui maintiennent ses membres brisés, endormi par des analgésiques, il reçoit ses visiteurs avec soulagement, comme si leur venue le ramenait sur les rives de la normalité.

Ma mère et mon frère s'empressent autour de lui en faisant comme si aucun drame ne s'était produit. Ils parlent de tout et de rien. Surtout de rien. Mais, trop vite, il leur demande des nouvelles des absents. Ils répondent en suivant les instructions du toubib qu'ils viennent de voir juste avant et ils passent sous silence le pire.

Je me demande comment maman et mon frère arrivent encore à tenir debout, à donner le change et à ne pas s'écrouler en avouant la vérité à notre chef de famille. Mais quoi qu'il en soit, ils y parviennent. Cela tient du miracle. Ils avancent comme des somnambules. Toujours avec un semblant de tenue. Pour le respect de soi-même.

Enfin, prenant prétexte que papa a besoin de repos, ils s'enfuient. La mort dans l'âme, si je puis dire. C'est là le maximum qu'ils puissent supporter pour la journée.

Après l'hôpital ils repartent vers le stade, le point de ralliement ultime dans la tourmente. On se retrouve. Ils me résument cette entrevue. Cela accentue ma douleur.

Pour éviter de la montrer, je m'isole.

Sur le sol, des journaux traînent. Avec avidité, je les saisis et les parcours... Au hasard des articles se retrace sous mes yeux la tragédie.

Mais pourquoi ressasser l'horreur ?

Pour comprendre.

Trouver un sens à ce qu'il me reste de vie.

*
**

Selon la presse, le feu est parti du rez-de-chaussée, s'est amplifié dans la cage d'escalier qui a créé un appel d'air et a embrasé avec violence les étages compris entre le troisième et le sixième. Une personne a donné l'alerte à 0 h 17. À la suite des policiers, les premiers soldats du feu, en garnison dans le cinquième arrondissement de Paris, sont parvenus sur les lieux une demi-heure après. L'état-major de la brigade des sapeurs-pompiers a déclenché le plan rouge vers 1 heure, mobilisant ainsi deux cent dix pompiers de vingt-trois casernes et une cinquantaine d'engins.

Les différents quotidiens vantent le courage des pompiers qui ont « attaqué » le feu, sauvé des existences au péril de la leur. Ils évoquent les différents sauvetages et les tristes constats, celui de la femme enceinte réfugiée dans une douche qui est décédée, de l'enfant « carbonisé » dans une pièce, des dix personnes indemnes dans un autre appartement, des quatre enfants et des quatre adultes qui ont fui l'enfer des flammes en descendant par les échelles des soldats du feu.

À 2 h 2, les pompiers ont maîtrisé l'incendie. Ils l'ont éteint dans sa totalité à 2 h 54. Pendant toutes ces minutes, ils ont aussi acheminé des blessés auprès du médecin de garde, une femme dévouée qui a soigné, parmi une multitude, neuf victimes « amenées en arrêt cardiaque ». Elle n'a réussi qu'à en arracher deux à la mort. Mais quel métier ! Quelle force pour côtoyer de telles situations...

Après s'être acquittée de ces cas, cette doctoresse est allée dans l'immeuble sinistré pour constater l'état des dix-sept dépouilles dont quatorze étaient des enfants.

Les rescapés qui semblaient prêts à subir cette épreuve ont été conduits à les voir eux aussi afin de les reconnaître avant qu'on ne les transporte à l'Institut médico-légal. Enfin, après cela encore, le médecin s'est occupé des pompiers blessés.

Au milieu de cette tragédie, cette femme m'apparaît soudain comme un ange de miséricorde. Je ne la connais pas. Si je l'ai croisée, je n'ai même pas fait attention à elle. Mais si je devais manifester de la reconnaissance à quelqu'un ce serait à elle, pour ce qu'elle a accompli en ces instants-là.

*
**

Dans les coursives du stade, les réfugiés recommencent à discuter. Il paraît que, peu après la fin de l'incendie, M. Nicolas Sarkozy en personne est arrivé sur le lieu du drame. Hélas il paraît qu'il a fait preuve de maladresse car, avant toute chose, il s'est empressé de demander à l'un des survivants si les victimes étaient en situation irrégulière. Pour ma part, je me garderai bien de faire un commentaire... On peut dire tout ce qu'on voudra, ça ne nous ramènera pas nos petits.

Au stade, pendant mon court séjour à l'hôpital, les rescapés ont aussi reçu la visite de M. Bertrand Delanoë qui a promis un « relogement rapide ». Pourtant, malgré ses larmes en direct devant les caméras, beaucoup doutent, sinon de sa sincérité, au moins de son efficacité. Expérience oblige ! Nous restons persuadés que les élus s'intéressent à notre sort pour « faire un bain de foule » en vue de projets électoraux sans avoir à offrir de solutions concrètes ou du moins immédiates.

Est-ce le désespoir qui gâte le jugement ?

J'ai bien peur que non.

Il suffit de citer les propos de Serge Blisko, le député-maire PS du treizième arrondissement, recueillis par l'AFP. Celui-ci n'a-t-il pas déclaré que *notre* immeuble, « réquisitionné par l'État et géré par Emmaüs, était ancien mais pas insalubre » ?

Que faut-il pour qu'un immeuble soit déclaré insalubre ? Que la peste s'y propage ?

*
**

Toujours selon la presse, les premières constatations de la police technique et scientifique situeraient le « foyer initial de l'incendie au rez-de-chaussée, sous la cage d'escalier ». D'après le procureur de Paris, un vasistas ouvert au dernier étage aurait transformé l'escalier en « véritable cheminée ».

Certains policiers interviewés se demandent « si les caves ne servaient pas de lieu de passage ou de trafic de drogue ». Et les représentants de la justice de conclure « qu'aucune hypothèse n'est à exclure ».

D'autres publications encore parlent de logements

pris en otages, de squats, d'immigrés en situation irrégulière qui auraient pris la place des locataires en titre...

Toujours le même refrain ! Rien que des affabulations. Et des suppositions !

On nous maltraite en nous oubliant dans des gourbis et il faudrait encore que nous soyons les responsables de nos drames, des hors-la-loi, des délinquants...

On ne cherche pas ailleurs. Il n'y a qu'en nous, autour de nous, dans notre communauté, que l'on cherche les raisons de ce désastre. À preuve, mes différentes auditions au quai des Orfèvres.

*
**

Les jours suivants, jusqu'au 10 septembre

Partout, quoi que nous entreprenions, nous rencontrons les mêmes difficultés. On nous traite comme du bétail. Huit jours après le « sinistre », on s'empresse de nous recaser. Notre présence – jugée indésirable car certainement trop culpabilisante – dérange. On veut se débarrasser de la cohorte de survivants pour ne plus avoir à s'en préoccuper.

Ainsi, sans se soucier de nos souhaits, sans s'enquérir du fait que nous souffrons d'être séparés les uns des autres, on nous dissémine dans Paris.

Notre famille échoue porte de Clignancourt, au milieu d'un ensemble de mini-barres impersonnelles, cliniques, tristes à mourir. Barres barbares... On nous parque là et adieu !

Une fois que nous avons emménagé, reçu des bons de cent cinquante euros de chèques cadeaux pour aller nous acheter des meubles de première utilité dans une grande surface du prêt-à-meubler, on nous abandonne. Ni plus ni moins. Certes nous avons eu la visite d'une assistance sociale, puis celle d'un psychologue. Une visite et terminé ! On classe le dossier. Nous n'aurons pas d'autre accompagnement psychologique.

Est-ce ainsi que l'on se remet d'un tel traumatisme ?

Méprise-t-on à ce point l'être humain, dans une société dite civilisée ? Comment considère-t-on l'humanité en souffrance ?

Je l'ignore. Et les miens aussi.

Tous ensemble, nous essayons de survivre par-delà notre chagrin. Dans de telles circonstances ne demeure qu'une alternative : ou tu vis avec, ou tu meurs.

Se succèdent alors une avalanche de catastrophes.

Le 29 août, Katrina, le cyclone meurtrier, ravage la Louisiane aux USA.

Le 30, rue du Bois-Doré, l'incendie d'un immeuble habité par des immigrés d'Afrique noire crée une nouvelle onde de choc. Quatre jours après le nôtre, cela dépasse les bornes. On parle de nouveau d'un acte criminel. Mais qui aurait intérêt à le commettre ? Notre communauté n'est pas loin de penser que l'on veut nous exterminer.

Le 5 septembre, un autre crash aérien se produit en Indonésie.

Aux États-Unis encore, de nouveaux cyclones terrassent le Mississippi, le Texas, la Louisiane. Beaucoup de Noirs résidant dans les quartiers pauvres se retrouvent sans abri et rejoignent la cohorte des indigents.

Les cataclysmes, les catastrophes naturelles n'en finissent pas. Et les incendies, et les suspicions. Quand ce cauchemar va-t-il cesser ?

La brigade criminelle me convoque de nouveau et me soumet à des interrogatoires successifs. Mais je n'ai rien à déclarer. Et pour cause ! La seule chose que j'ai à me reprocher, c'est cette malheureuse phrase qui tombait sous le sens. « Si cela se produit chez nous... »

On procède à des reconstitutions. On nous ramène sur les lieux de notre ancien domicile. Retour au cinquième. Le cœur en deuil, je vois ce qui reste des enfants, un amas de débris, de charbons, des lits superposés, la télé, les jeux, et encore bien d'autres choses que je ne cherche surtout pas à reconnaître.

Partout de la matière carbonisée.

Partout l'enfer.

Et un relent de cendres irrespirable.

Les survivants de l'immeuble font encore appel à moi pour assister à des émissions de télévision. « Tout le monde en parle », orchestré par Thierry Ardisson, et une autre émission menée par Mireille Dumas.

Toujours en état second, je m'expose. Non dans l'intention de faire du raffut. J'en serais incapable. Mais juste pour que ma présence dénonce un état d'urgence. Je reviendrai en détail sur l'un de ces passages à la télé...

L'Institut médico-légal nous propose de procéder à des prélèvements sur nos personnes afin de poursuivre l'identification des corps à partir de notre ADN.

L'attente se prolonge. Lorsque nous nous enquérons de l'avancée de ce travail, on nous répond que les tests exigent temps et minutie.

Et chacun de nous se meurt chaque jour dans cette vie en suspens. Chaque jour, un détail, un souvenir, une formalité à remplir ramènent au drame. Sans cesse, il faut dire, répéter. La mort n'en finit pas de nous poursuivre. Comment songer à faire son deuil dans ces conditions ?

Tout ce qui nous arrive est trop injuste. Est-ce cela, l'œuvre d'Allah ? Dans ce cas, Il demande un dépassement de soi surhumain.

Au cours de ces multiples démarches, il m'arrive de penser que les miens sont morts pour l'exemple. Pour dénoncer, au prix de leur vie, une situation indigne de la condition humaine, le sort des citoyens de seconde zone. Et cela m'aide à tenir. Sinon je m'effondrerais.

– Quatrième partie –

IL ME RESTE À VIVRE...

– Chapitre premier –

« TOUT LE MONDE EN PARLE »

Septembre 2005

Amputée de ma descendance, dépossédée de mes esprits, je poursuis mon errance sans comprendre ce qui m'arrive. Zombie, morte vivante dans la marée humaine qui peuple Paris, je pleure ma fille, je pleure les miens.

L'énergie a fui mon corps. Je suis totalement hors service. Et, pire que tout, telle une mante religieuse, la souffrance annexe mon âme sans discontinuité. Je ne sais plus vers qui ni vers quoi me tourner. L'angoisse, l'épouvante m'annihile. Un égarement constant tente de me faire croire que je me dédouble, que je suis hors de mon enveloppe charnelle.

Serais-je victime d'un mauvais sort ?

Au fond de moi, une infime parcelle de conscience me convainc du contraire. Il me faut tenir, poursuivre ma route dans les ténèbres, extirper de mes dernières ressources l'essentiel pour me sauver de ce tunnel que l'on nomme le désespoir.

Alors que je vais au plus mal et que je me débats en plein marasme, je reçois un coup de téléphone d'une journaliste de « Tout le monde en parle », l'émission phare de Thierry Ardisson.

– Il souhaite vous inviter, m'explique cette femme.

– Mais pourquoi ?

– Pour informer le public de ce que vous vivez.

J'essaie de reporter la conversation à plus tard, de jouer les filles de l'air injoignables. Mais impossible d'échapper à la pugnacité des gens de la télé. Après une kyrielle de messages laissés à la maison, je suis bien obligée de donner suite et d'accepter cette invitation.

« C'est reparti ! » me dis-je dans un éclair de lucidité. Il va falloir encore que je serve de porte-parole. Une chance dans ma déveine : je suis trop cassée pour réfléchir. J'obéis par automatisme.

Kadja, ma cousine de Montreuil, ne me quitte plus d'une semelle depuis le drame. Dans la fougue de ses dix-neuf ans, elle cherche par tous les moyens à me divertir, me sort de mes sombres pensées et essaie de me motiver :

– Tu te rends compte, c'est une des émissions les plus « ouf » et les plus regardées. Il n'y a que les stars qui vont là...

Mais je ne vois pas les choses comme elle. Bien que je l'adore et apprécie vraiment sa compagnie, j'ai l'impression qu'un monde nous sépare. Quoi que je fasse ou entreprenne désormais, l'au-delà m'aspire ; les défunts m'appellent. Et il faudrait que j'aille faire le pitre ou de la représentation ?

– Oui, insiste-t-on dans mon entourage. Tu l'as déjà fait. Il ne s'agit pas de pitreries, mais de témoignage. Tu te dois de continuer...

Toujours au radar, je me laisse coiffer et habiller avec un tee-shirt rose paillettes comme une jeune fille désireuse d'aller au bal. Encore une fois, dans l'état de détresse dans lequel je me trouve, j'ai la sensation que mon corps se décompose en vingt-cinq mille clones qui me narguent et se moquent de ma tenue vestimentaire.

– Alors ! me murmurent-ils, regarde-toi. De quoi as-tu l'air ?

– Quitte à ressembler à un fantôme, autant être utile.

Ai-je pris trop de calmants ? Suis-je au bord de la folie ? Nul ne le sait. Moi encore moins que les autres.

Je me rends donc dans le studio où doit être filmé le débat. En brave petit soldat prêt à lutter et à me faire dévorer tout cru par un des grands marabouts du Paf, je rejoins les premières lignes des feux de la rampe.

Un surplus de peine me dispense d'éprouver du trac. J'ai déjà tout perdu. Alors les jugements que porteront peut-être ceux qui vont nous regarder ne changeront rien à mon désarroi.

L'enregistrement commence. On tourne. L'émission sera diffusée le 10 septembre 2005.

*
**

Thierry Ardisson lance le sujet. Terriblement sobre, habillé de noir comme un homme d'Église, il démarre son prêche avec le talent qu'on lui connaît. Sans agressivité, ni fausse pitié, il énonce les chiffres. Selon ses sources, il y a trois millions de mal-logés dans ce pays.

– Nous en sommes tous responsables, avoue-t-il aussitôt.

Puis il enchaîne et me présente.

– Voici Fatouma, vingt ans dont dix-sept passés dans des taudis. Le 26 août, elle a perdu sept frères et sœurs, sa fille et un cousin dans l'incendie de l'immeuble du boulevard Vincent-Auriol.

Avec la même sobriété, il poursuit son terrible exposé et, comme un joueur qui abat ses cartes, il rappelle le bilan des pertes humaines subies par la communauté africaine :

– Le 15 avril avec l'incendie de l'hôtel Paris-Opéra, on a dénombré vingt-quatre morts, dont onze enfants ; le 26 août dans l'immeuble de Fatou, dix-sept morts, dont quatorze enfants ; quelques jours plus tard, sept morts dont quatre enfants rue du Bois-Doré.

Thierry Ardisson parle encore du reportage filmé pour le journal télévisé de France 2, montrant les lieux où nous vivions, puis il demande à le visionner. Et de nouveau je revois les visages que j'aime tant et qui n'existent plus.

Cela ne dure que quelques minutes mais la douleur se révèle toujours identique. Sur le plateau, ce jour-là, comme aujourd'hui encore au moment d'écrire ces lignes, j'ai le cœur en vrille, brisé par ce passé que je ne supporte plus, par ces images de toute ma famille disparue.

Sur le petit écran, je me vois en train de pleurer. Je ne m'apitoie pas sur mon sort, naturellement, mais sur celui des défunts. Et en revoyant ces images, sur le plateau, je pleure encore. Par la magie de la présentation qui reproduit mon visage à l'infini, le puzzle dont je suis à la fois actrice et spectatrice m'incite à constater que je continue de me fractionner.

Divisée à jamais...

L'animateur me donne la parole. Que pourrais-je dire de plus explicite que le tableau de nos taudis entrevus dans ce film, qui va sûrement devenir une référence de l'horreur ?

Bouleversée, je tente de retenir mes sanglots et murmure :

– Madame Cissé, la dame que l'on vient de voir, était la première à se battre pour avoir un logement convenable...

Mme Cissé, Ada, Mamou, son fils, mes frères et sœurs, mon cousin, ma fille. Je lutte pour ne pas me laisser envahir par leur souvenir et la hantise des flammes qui m'obsèdent.

Sur le plateau, Thierry Ardisson, en maître de cérémonie très attentif, veille à me protéger et à ne pas me harceler avec des questions stériles. Pour ce faire, il s'adresse à ma voisine, Amina Sidibé, une Malienne très belle, une universitaire éminemment respectable connue pour ses prises de position politiques et chargée du problème des femmes au sein du Haut Conseil des Maliens de France.

– Pensez-vous que le racisme existe en France ?

– Avant toute chose, répond-elle d'une traite, j'aimerais souligner combien cet événement a donné une dimension à la communauté africaine. Les frères et sœurs de Fatou sont attendus par tout le Mali. On pense leur faire des funérailles nationales. Perdre quatorze enfants, le Mali n'a jamais connu un tel drame.

» Alors vous me demandez si je pense qu'il y a du racisme en France ? Je vous répondrai oui.

» Quand je suis arrivée dans les années soixante-dix, j'ai été entourée, adorée par des Français de souche, quand je suis allée au lycée, j'ai été entourée, adorée par des Français de souche, quand je suis allée à la fac, j'ai été entourée, adorée par des Français de souche. Mais je ne me retrouve plus dans la France d'aujourd'hui tant elle est devenue austère, méconnaissable pour des raisons que je m'explique d'ailleurs ; j'ai vécu la transformation de la société française au cours des crises économiques de ce pays.

» Alors j'ai un message à faire passer : être pauvre n'est pas une tare. La pauvreté est universelle et tout dépend de la façon dont elle est partagée. L'Afrique est pauvre mais l'Afrique est digne. Après ce drame, on a reçu des directives des autorités maliennes qui nous ont recommandé d'entourer ces familles-là. Quatre ministres sont venus ici.

» L'Afrique évolue. En ce moment, des millions de

Maliens voient cette émission grâce aux médias et à Internet.

» Que les Français se ressaisissent et se disent que les Africains sont là, différents, mais apportant aussi un changement, de la richesse.

» Moi, j'ai appris à l'école "mes ancêtres les Gaulois", donc je suis là pour pactiser, faire la part des choses et encourager les Français à lutter contre le racisme.

» On partage un patrimoine commun : la culture française...

Elle fait un geste éloquent, invitant les spectateurs à comprendre d'eux-mêmes. Le présentateur la remercie d'un sourire mesuré et se tourne vers Sonia Rolland, une ancienne Miss France devenue comédienne, une métisse moitié bourguignonne moitié rwandaise qui défend la cause de beaucoup d'entre nous, à commencer par les orphelins du Rwanda.

– Sonia, dit Ardisson, on ne vous présente plus... Mais vous semblez en colère...

– Oui, Thierry ! Les Africains de France sont en colère. J'aime le discours d'Amina car elle dit que la responsabilité vient de tous, de France et d'Afrique. Aujourd'hui, j'éprouve de la colère et de la honte.

Décidément le ton de chacun se révèle économe, circonspect et respectueux du drame vécu. Et bien que je ne l'aie pas exprimé pendant le tournage, je demeure sensible à cette réserve. Je profite d'ailleurs de ces lignes pour remercier les personnes qui ont contribué à défendre notre cas de cette façon-là.

Vient le tour de Stomy Bugsy, un des artistes phares du rap français, qui pour la circonstance préfère lire un texte qu'il a écrit. On dirait qu'il craint ses propres débordements. Quoi qu'il en soit, ce texte constitue pour moi un modèle du genre.

– Voilà, commence Stomy, ça n'engage que moi...

» Dans un pays comme la France, des familles nombreuses vivent entassées dans des pièces minuscules insalubres avec des rats, des souris ; certaines de ces familles sont sur liste d'attente pour un appartement depuis environ quinze ans. En attendant, chaque instant représente un risque de court-circuit, d'inondation, d'effondrement et j'en passe.

» Ces familles vivent sans cesse dans le danger et la grande majorité est originaire d'Afrique noire.

» Comme vous le savez et l'avez vu, depuis ces six derniers mois une cinquantaine de personnes sont mortes brûlées, dont trente-six enfants, sans compter une dizaine de blessés graves et des familles traumatisées.

» Deux heures après le drame du boulevard Vincent-Auriol, monsieur Sarkozy se pointe comme une fleur et ose demander à l'un des locataires de l'immeuble si les victimes étaient en situation régulière.

» Plutôt que de tout mettre en œuvre pour restaurer ces taudis et reloger tout le monde, les forces de l'ordre n'ont rien trouvé de mieux à faire que d'expulser les familles des deux bâtiments sans proposer de les reloger. Ah si ! Ils ont proposé de les parquer dans de minuscules chambres d'hôtel au bord du périphérique. Ils ne sont pas sortis de l'auberge. Et tout cela, le jour de la rentrée des classes.

» Est-ce l'état d'esprit de tout le peuple français ?

» Si c'est comme ça que le gouvernement règle ses problèmes, qu'il ne s'étonne pas de se voir cracher à la face dans les quartiers sensibles.

» Je vous rappelle que ces gens sont venus en France, terre d'accueil, pour travailler durement et honnêtement. Ils paient des loyers, des impôts, et la plupart sont en situation régulière. Et même s'ils ne l'étaient pas, en ces temps de catastrophes naturelles, un homme reste un homme avec ou sans papiers.

» Aucun d'eux ne mérite qu'on le traite comme un chien, un sous-homme ou un citoyen de seconde zone. Aucune mère ne mérite d'être séparée de ses enfants, comme aucun père ne mérite les coups de matraque devant sa famille pour les déloger.

» J'accuse les propriétaires et les agences immobilières de ne pas vouloir louer leurs appartements aux immigrés et aux Africains en particulier.

» J'accuse l'État de fermer les yeux sur ces réalités.

» Mais quoi qu'il en soit, même les yeux bandés, même les oreilles bouchées, rien ne pourra les empêcher de respirer l'odeur des corps calcinés.

» Que leurs âmes reposent en paix.

» Des marches silencieuses ont été suivies en mémoire de toutes ces victimes. Mais aujourd'hui, ce qu'il faut, c'est faire du bruit et réclamer des dédommagements pour leurs familles.

» Demander la construction de plus de logements sociaux.

» Demander l'interdiction des expulsions sans relogement.

» Demander la réquisition, la réhabilitation de tous les logements vides, et croyez-moi, il y en a.

» Avec tout ce que la France a pris à l'Afrique en hommes, en richesses et en sang, elle pourrait au moins être juste et laisser aux enfants des morts "pour la mère patrie" la possibilité de vivre et d'habiter autre chose que des taudis.

» Unissons-nous dans un état d'esprit de fraternité et d'équité.

Il n'y a rien à ajouter tant ces phrases vont droit au cœur. On me demande pourtant de reprendre la parole, de reparler du sinistre, de la nuit de la mort. Docilement, je m'exécute :

– Mon père est resté dix minutes à terre sans secours. Après la police est arrivée, et après les pompiers. Ils ont pris le bébé de ma cousine et nous sommes tous descendus par l'échelle extérieure. Aujourd'hui, j'ai encore peur du feu. Je prends des médicaments...

» Depuis que nous avons quitté le stade, nous n'avons reçu aucune assistance sociale ni psychologique. J'ai peur de devenir folle...

» Ma fille, je ne lui ai même pas dit au revoir, je lui ai juste dit : “Va te coucher !” Je lui avais acheté des baskets, je voulais qu'elle attende la rentrée pour les mettre...

L'émotion me coupe la parole. Les projets d'avenir dessinés à cette époque restent en suspens. Je ne peux plus parler, j'ai des sanglots dans la gorge.

La caméra se braque sur l'animateur, également au bord des larmes. Jamais je ne l'ai vu aussi ému. Le sujet sur les mal-logés prend fin. Amina, Sonia, Stomy et moi nous levons. Le public n'ose pas applaudir comme il le fait d'habitude. Nous regagnons les coulisses.

*
**

Hors champ, alors que je m'apprête à quitter le studio de télé, un invité, dont j'ignore le nom, me rattrape. Il me parle des vagues de contrôles d'identité, des « nettoyages » d'immeubles souvent suivis par des expulsions et une reconduction des sans-papiers à leurs frontières par charter.

– Ça ne s'est jamais vu. Les autorités policières sévissent dur en ce moment, dit-il encore pour me convaincre.

– Je ne suis pas au courant.

– On doit vous tenir informée. On vit une période de répression terrible. Le pouvoir prend ce prétexte pour tenter d'éradiquer l'immigration...

J'acquiesce de la tête mais je n'ai qu'une idée : partir, prendre la poudre d'escampette. Ma performance a assez duré ; je n'ai nul désir qu'elle se poursuive. Trop, c'est trop ! Je ne peux assumer les problèmes des autres. Non par indifférence. Mais simplement parce que je n'en ai pas la force. Pour moi, la coupe est pleine. Je ne possède pas l'envergure d'une militante. Je ne suis qu'une mère en détresse, une âme en perdition...

– Chapitre 2 –

LES FUNÉRAILLES

Mi-octobre à Paris

Le mal de tête me taraude. Sans relâche, la pression m'use les nerfs. J'aimerais hurler, protester, crier au secours. Mais j'ai l'impression que tout ce que je dis tombe dans le vide.

Une galère en chasse une autre. Dès que l'on a fini une démarche, résolu un problème, d'autres difficultés surgissent. On dirait qu'on ne verra jamais le bout du malheur...

Une dizaine de jours après le retour de ma mère du Mali, il a fallu avouer la vérité à mon père et lui annoncer le décès de ses petits, de Niamé et du cousin. Ce n'est pas moi qui m'en suis chargée. Déjà que j'évitais de lui rendre visite à l'hôpital de peur de ne pas savoir mentir et de trahir le secret...

Ma mère et mon frère aîné se sont rendus au chevet de mon père.

Comment faire accepter l'horreur ? C'est impossible. Ceux qui prétendent le contraire ne vivent que dans le discours.

Je n'ai pas demandé de quelle façon mon père avait réagi. Je sais trop la peine qui le hante. Il suffit de croiser son regard. Quelques secondes, pas plus. Et, déjà, j'ai envie de pleurer. C'est trop inhumain. Parfois, un sanglot lui échappe. Il murmure :

– Mes petits !

Nous connaissions tous les liens qui les unissaient. Dama nous aimait, il nous aime tous d'une même affection. Mais les plus jeunes le faisaient craquer, c'est normal. On en riait, on lui répétait souvent :

– Ils te mènent par le bout du nez...

– Vous dites n'importe quoi, se défendait-il.

Nous, les grands, faisions semblant d'acquiescer mais nous lui montrions que nous n'en pensions pas moins. C'était une blague entre nous. Une des seules que nous nous permettions. Car nous ne lui manquions jamais de respect.

Maintenant, sans sa marmaille bien-aimée, mon père se retrouve seul. Quand on l'observe à la dérobée, on le voit s'agiter, à la recherche de quelqu'un ou quelqu'une qu'il ne pourra plus saisir. Et ça nous fait mal. D'autant plus mal qu'il demeure l'homme, le chef de famille qui nous semblait jusqu'à présent si fort, si solide. Avec cette soudaine défaillance, cette douleur intolérable, c'est encore une de nos certitudes qui s'effrite.

Le retour de la mère, l'aveu au père, les témoignages en direct à la télévision, les interrogatoires à la police, les prélèvements pour les tests ADN, les démarches administratives et tout ce qui constitue un millier de détails matériels, tout m'insupporte et me ruine le moral, en particulier l'attente.

L'attente ?

Oui, celle des résultats ADN qui doivent permettre l'identification des corps. Encore une notion barbare ! Pourtant il faut bien définir qui est qui. Je prends donc mon mal en patience...

La famille m'a demandé d'accompagner les dépouilles des défunts là-bas, au pays. J'ai accepté, évidemment ! Dorénavant, il m'importe peu d'être sur un continent ou l'autre. Il s'agit juste de continuer de faire illusion, de trouver dans toute cette absurdité une raison de se maintenir à flot, d'espérer le miracle, celui qui me redonnera une petite étincelle pour poursuivre ma route.

Néanmoins l'attente atroce des résultats ADN dure jusqu'au 15 octobre. Une fois l'identification des corps accomplie, les services compétents de l'Institut médico-légal me convoquent quai de la Rapée afin que je signe les papiers administratifs indispensables pour le rapatriement des défunts au Mali.

Seulement, avant de remplir ces formalités, je demande à voir ma fille.

– On vient de fermer le cercueil, me réplique une employée.

– Eh bien ouvrez-le ! dis-je dans un sursaut.

D'un regard, cette femme me supplie de n'en rien faire. Gentiment, elle met sa main sur la mienne. Par ce geste, je devine l'horreur, l'insupportable qu'elle veut m'épargner.

Une envie de massacre me saisit. J'aimerais détruire ce tabernacle de bois, me frapper la tête contre les murs et en sortir le malheur. J'enrage, je donne un coup de poing dans la paume de mon autre main et refoule mes larmes.

Même communier avec ma Niamé m'est interdit. C'est affreux, le sort s'acharne. Ce n'est pas que je souhaite me faire le jouet du macabre. Mais je me sens tellement démunie, usée, fatiguée. Rien ne m'a préparée à une telle tragédie. Je pense aux personnes qui perdent leurs proches dans un accident aérien ou dans le naufrage d'un bateau. Eux non plus n'ont pas la possibilité de faire leur deuil devant un corps... Tout en me défendant de me plaindre, je ne peux venir à bout de mon chagrin.

– Le temps doit faire son ouvrage. Le temps et Allah, semble me dire l'âme de Maïmouna Kadja, ma grand-mère.

Mais comment se résoudre à tant de sagesse ? J'avale des comprimés, me nourris de chocolat chaud et fume des clopes en m'acharnant à atteindre le détachement. De guerre lasse, je me réfugie dans un état second.

Ma voix a perdu ses intonations. Plus d'aigus, plus

de graves. Juste un filet de sons monocordes et las. Je me compare à un condamné à mort en sursis. Je subis les événements plus que je ne les maîtrise, avec une sorte de fatalisme.

C'est dans cet état d'esprit que j'accepte qu'une équipe de journalistes travaillant avec Mireille Dumas m'accompagne au Mali.

Alors que tout s'éternisait, d'un seul coup le mouvement se précipite. Tout est prêt, sauf moi ! Vite je me constitue un bagage. Vite je fais mes adieux au père, à la mère, à la tante, à la famille.

Vite !

Un dernier mot, une ultime recommandation. Chacun me serre dans ses bras, me regarde comme pour me faire comprendre l'ampleur de ma mission. Tous les gestes dont ils m'entourent attestent la confiance qu'ils placent en moi. Je me sens dans la peau d'une messagère. Je dois me montrer droite et forte.

Soudain j'abandonne mes habits de deuil pour revêtir ceux d'une amazone conquérante. Sans doute est-ce aussi pour cela qu'ils m'envoient au pays. Afin que je laisse derrière moi les oripeaux de la malédiction et que je songe à reconstruire mon existence.

Fière, honorée par leur confiance, je me redresse, puise en ce qui me reste de combativité et amorce ce dernier acte, celui du rapatriement des corps et des funérailles.

*
**

Après le 20 octobre au Mali

Dès que l'avion se pose sur le sol malien, je me surprends à pousser un soupir de soulagement, à éprouver de l'impatience, une sorte de frénésie à bouger de nouveau. Seulement, à l'atterrissage, les passagers se bousculent ; malgré moi, je me sens emportée par une marée humaine sans avoir le temps de comprendre les sentiments positifs qui renaissent en moi.

À l'extérieur, sur la passerelle, la force de l'oxygène, la chaleur, le soleil, la puissance de ma terre nourricière me submergent. J'aimerais me débarrasser de mes chaussures, dégringoler les marches et courir sur l'asphalte jusqu'aux chemins qui mènent vers la brousse. Mais la réalité est autre.

Enfin, grâce au ciel, non loin de moi je sens le soutien de Kadja, ma cousine de Montreuil, celui d'une douzaine de membres de ma famille dont ma tante, la maman de mon cousin mort, et la sympathie de l'équipe de reporters. Cela me réconforte malgré tout face à cet inconnu qui m'effraie soudain.

Juste en bas, déjà, j'aperçois la délégation officielle, le Premier ministre du Mali, le ministre malien des Affaires étrangères et l'ambassadeur de France venus nous accueillir. Les hauts dignitaires, les journalistes sont là. Parmi eux, aussi, toutes nos familles de Bamako que je n'ai pas revues depuis longtemps et qui nous manifestent un accueil chaleureux, si humain.

Très vite, je me rapproche de mon oncle Kaou Mamadou, mon oncle de vingt-six ans, le frère de ma mère, un homme fabuleux, un forgeron qui habite Dioncoulanou, le village de la famille maternelle, limitrophe de Yelimane, le berceau de mon père. Même si Kaou n'a jamais visité la France, je devine que nous partageons maintes affinités. Sans doute a-t-il aussi un air de ressemblance avec maman...

Fleurs et discours.

Me voilà cernée. Devant, derrière, de tous les côtés. Je me sens comprimée par les obligations, les devoirs de politesse. Alors je replonge dans l'océan de solitude sur lequel je naviguais à Paris.

En prenant soin de masquer ma déception, ma fatigue et l'irritation de subir ce que je n'ai pas désiré, j'assiste à cette cérémonie en renonçant à ressentir quoi que ce soit.

Néanmoins, je remercie sincèrement les organisateurs de cet hommage : la mémoire des disparus est louée comme celle de héros. Cela m'émeut. On les chante tels des martyrs qui permettent de dénoncer la fatalité qui frappe parfois les immigrés.

Le premier soir, nous dormons tous dans un hôtel de la capitale que nous a réservé le gouvernement malien. Dès le lendemain matin, aux aurores, notre groupe conforté par la troupe de la délégation officielle part vers Yelimane. En fait, je parcours le chemin inverse de celui que j'ai emprunté enfant, sous la tutelle de mes parents. Cependant, cette fois-ci, nous effectuons le trajet par voie aérienne.

Là, nous nous installons chez mon oncle Boukary, le notable le plus influent du district, dont le père était l'ami de mon grand-père. Dès que nous sortons, les villageois nous montrent du doigt comme si nous étions des personnalités. Certains, très émus, le visage ravagé par les larmes, murmurent sur notre passage : « Ce sont eux qui ont perdu leur famille... » D'autres regardent nos tenues vestimentaires européennes qui leur paraissent trop bizarres. Je revois aussi des personnes que j'ai croisées à Paris lors de leurs séjours.

Choquée par les paysages que je découvre, la différence flagrante que je note entre l'Afrique et Paris, je renoue pourtant très facilement avec la terre de mes origines car je reconnais nombre de sites pour les avoir entraperçus en visionnant des cassettes vidéo filmées lors de fêtes et que nos proches nous rapportaient après une escapade au pays.

Pendant les premiers jours, on me laisse rarement seule. Les journalistes me talonnent. Je déplore un manque de vie privée. Mais je ne peux m'en prendre qu'à moi : personne ne m'a forcée à accepter leur offre. Je suis la seule fautive. Il n'empêche, je regrette de ne pas pouvoir vraiment me recueillir.

Mon immaturité, mon inexpérience, l'indifférence dans laquelle je me complaisais à Paris ne m'ont pas fait prévoir que je pourrais avoir besoin de vivre les choses sans l'œil de la caméra ni le regard avisé des observateurs professionnels. Des Français, certes, mais aussi des Maliens se sont ajoutés à notre groupe.

Ainsi, de ces moments exceptionnels, je ne retiens que frustration et carence d'intimité. De fait, l'agacement prend le pas sur la peine. Peut-être est-ce le début de la guérison ?

L'infime début... Je commence à percevoir ma colère, ma hargne. Tout plutôt que cette indifférence feinte, cette léthargie compassée, cette anesthésie provoquée chimiquement.

Je ne dis pas que je suis insensible à l'hommage que l'on rend à nos très chers défunts. Je ne dis pas que les gens des médias m'insupportent. Non ! Je veux même profiter de ces lignes pour remercier tous ceux qui m'ont entourée durant ces instants. Seulement, sur le moment, il me faut trouver un exutoire. Plutôt que de me morfondre, de pleurer sur ce qui n'est plus, je me surprends à fulminer, à avoir des envies d'ailleurs, à attendre que toute cette foule s'éloigne et me laisse libre, livrée à moi-même. « Alors, me dis-je, je commencerai enfin à faire mon deuil. »

Faire mon deuil ! Ma seule obsession. En Afrique comme à Paris, mes cauchemars me poursuivent chaque nuit. Avec eux, les regrets, les remords et la culpabilité de celui qui survit à ceux qu'il aime. Si j'avais fait ci, si j'avais fait ça... J'aurais pu lui laisser ses baskets roses, j'aurais pu lui dire au revoir, j'aurais pu lui proposer de rester dormir avec la cousine, son bébé et moi. Ô ma Niamé !

Très vite ont lieu les funérailles. Les hommes y vont tous. Les femmes, elles, restent à la maison. Elles ne sont pas autorisées à y assister. Cela n'a rien à voir avec la religion musulmane mais vient d'une coutume africaine pour éviter que les mères, les épouses et les filles ne prennent peur...

Encore une fois, me voici privée des adieux que je pourrais faire à Niamé. Ne me reste désormais que la vision de ces boîtes, ces coffres, au moment où ils sortaient du ventre de l'avion.

L'image de ce petit cercueil me hante encore.

L'image de ce petit cercueil me fait toujours mal.

Comment t'imaginer ainsi ensevelie à quelques mètres sous terre ? Tu es partie. Comme j'aimerais te suivre, ma Niamé, tu me manques tellement ! J'aurais voulu te présenter le pays de tes ancêtres...

En place de cela, le néant auquel j'essaie de survivre.

Après l'enterrement et d'autres discours, la cohorte d'accompagnateurs déclare forfait. Kadja, Kaou et moi raccompagnons les journalistes français à Bamako. Nous y restons une journée avant de retourner dans « notre brousse » en autocar.

Soudain... Mes perceptions changent.

***

Du jour au lendemain, le monde s'en est allé. Et je me retrouve seule au village avec Kadja, ma cousine, et mon oncle Kaou, qui me promet de me faire découvrir le Mali.

Du jour au lendemain, le silence.

Du jour au lendemain, je vois le ciel d'azur resplendir sous la puissance de maître Soleil, je contemple la terre rouge qui nous a enfantés. Et dans ce calme, le lent bruissement du vent, le doux piaillement des oiseaux et juste derrière les toits des premières maisons le cri d'un enfant, la chanson d'un autre. Dans la sérénité de la savane environnante, j'entends un chant, celui de nos ancêtres, celui de nos défunts, qui m'ordonne de renaître de mon désespoir et qui résonne en moi tel un appel.

L'appel de la vie !

Alors je songe que tout va être possible. Tout : ma guérison, ma renaissance, l'oubli, la survie...

Demain ou plus tard. Mais c'est sûr ! Un jour prochain...

– Chapitre 3 –

À LA RECHERCHE DE MES RACINES

Début novembre autour de Yelimane,
dans la province de Kayes

On peut aimer Paris à la manière de ma famille. Les Diarra ont toujours préféré vivre intra-muros plutôt qu'en banlieue. Dans notre vie d'immigrés, nous avons choisi la capitale avant le pays.

La capitale ! Parce que l'on ne connaît qu'elle, et juste un peu de sa périphérie. Parce qu'on s'est attaché à elle tel un orphelin à sa mère nourricière. Elle nous a aussi permis de ne pas nous séparer, de vivre en clan et de rester unis grâce à cette cohabitation. Nous aurions pu accepter la (seule) proposition des services de l'habitat et nous installer chacun de son côté dans la grande couronne. Mais cette solution nous aurait éloignés les uns des autres. Et pourquoi, au juste ? Pour un logement à peine plus digne dans une zone dite sensible. Un avenir sans perspective. Autant rester dans notre arrondissement, perdus dans la masse mais bercés par ses bruits et son animation.

On peut aimer Paris à ma manière. Pour sa beauté, l'originalité de ses espaces verts aménagés aux carrefours de béton ou de pierre les plus incongrus, pour sa poésie, pour certains marchés où toutes les couches de la population se côtoient à égalité de citoyenneté, pour son africanisme (même modéré en comparaison de Londres ou d'autres métropoles), ses lieux de convivialité, ses salons de coiffure, ses magasins spécialisés afro, et puis aussi son ciel et sa lumière qui flottent au-dessus de la Seine dans des tons vif-argent en donnant l'illusion d'une dimension colossale.

Oui, on peut aimer Paris mais aussi le trahir, et l'oublier...

Ce que je fais sans vergogne dès que la meute des officiels a levé le camp et que je me relâche enfin, après des jours et des semaines de tension. Quelque chose en moi se desserre et éclot. On dirait que je sors d'une chambre fermée. Subitement j'ouvre grand les yeux, et il me semble qu'un courant d'air surgit pour aérer mes méninges engourdies.

*
**

Curieusement, un monde familier me revient en mémoire par tous les pores de la peau. Ça commence par les pieds. D'un pas lourd, rythmé, je martèle le sol et m'en sers comme d'un djembé, cette sorte de tamtam, ou de toute autre caisse de résonance. Sans chaussures, je marche sur l'herbe raide, rousse et brûlée de la savane. L'énergie de la brousse me remonte par les mollets, chatouille mes genoux et caresse avec délectation mes cuisses. Je pourrais marcher ainsi une éternité. Juste pour humer l'harmattan, capter son souffle léger dans les feuillages des acacias.

Le ventre souple, détendu, disponible au rire, les seins fiers, arrogants, les épaules et la nuque droites, altières mais décontractées : mon corps entier respire, swingue, se balance avec une aisance, une désinvolture que je ne lui connaissais plus. Lavé, expurgé, neuf !

Je marche beaucoup, longtemps, presque joyeusement. La marche me dynamise et permet d'expulser les nœuds, les contractures pour donner toujours plus de confort, de naturel.

En Afrique, les journées s'amorcent aux aurores. Lorsque la lune en forme de cornes d'Hathor, la vache sacrée des Égyptiens de l'Antiquité, plante ses pics dans la voûte céleste, je m'extirpe du sommeil.

À cette heure-là, on vit le meilleur moment. On a l'impression d'assister à l'éveil du monde. Que ce soit les bébés, les enfants, les vieux, les adultes, les arbres, les fleurs, les bêtes, tous participent à un ballet en totale harmonie les uns avec les autres. On quitte le domaine de la nuit et des ombres pour redonner une impulsion au monde du vivant.

L'air est frais et pur. Les routes, les chemins aussi. Sans la poussière rouge qui bientôt ne cessera plus de s'envoler au passage des automobiles, des animaux et des hommes. Le ciel éclate de multiples promesses. On se sent bien. On respire l'Afrique, les odeurs âcres, épicées, colorées qui font tout son charme.

Après la collation du matin, au village, chacun vaque à ses occupations et tente de gagner du temps avant que la chaleur accablante ne s'installe.

Je traverse les cours des maisons et me rends chez les anciens, les grands-pères, les tantes de la famille, bavardant de maison en maison pour me présenter, moi, Fatou, la Parisienne qui ignore les rites d'antan et les secrets du présent.

Me hasardant jusqu'aux puits, j'observe le manège des vendeurs d'eau qui remplissent leurs calebasses du précieux liquide et qui vont le céder ensuite aux villageois contre argent comptant.

– De l'eau, qui veut de l'eau ? annoncent-ils à grands cris, en bambara, déambulant dans les ruelles.

Les ménagères, qui trouvent que leurs robinets installés dans la cour arrière de leur habitation ne leur en fournissent pas assez ou qui pestent contre la rareté de l'eau de pluie, sortent alors avec leurs bassines.

– Combien ?

– Deux mille cinq cents francs CFA...

Cela équivaut à deux francs cinquante, soit environ trente-cinq centimes d'euros.

– C'est cher, dit la commère.

Les palabres démarrent. Le marchandage dure. Finalement le porteur d'eau cède. Mieux vaut un gain minime que pas de gain du tout.

Une fois l'échange conclu, on peut engager une véritable conversation.

– Ça va ?

– Ça va !

Les mots n'ont guère de portée. Tout est dans l'intention, l'intonation plutôt. Une voix traînante mais aussi entraînante. Une façon d'être aimable sans forcément s'engager. Ce ne sont que quelques bribes de phrases mais elles recèlent toujours la possibilité de lancer une blague ou un rire. La convivialité à fleur des yeux. Chez l'Africain, tout est sérieux, tout... excepté son refus de se prendre au sérieux.

Parfois, je vadrouille encore plus loin, je pousse jusqu'au bord du fleuve Sénégal, à deux ou trois kilomètres de là. Au milieu des étoffes, des vêtements de toutes les couleurs que les femmes lavent et font sécher au soleil sur les rives larges et généreuses, l'âme chavirée, je me repais de la splendeur de ce spectacle.

Engendré par deux rivières, le Bafing (le fleuve noir) et le Bakhoy, qui s'unissent à Bafoulabé pour lui donner naissance, le tumultueux Sénégal ne forme au départ qu'une succession de chutes jusqu'à Kayes avant de s'apaiser, de s'harmoniser à la nonchalance autochtone et de couler à un rythme plus lent. Les frontières du pays sénégalais franchies, il reçoit une autre rivière, la Falémé. Puis, empruntant une large courbe, n'hésitant pas à nourrir de ses eaux les marais, à former un large delta intérieur, il poursuit son cours irrégulier et se jette dans l'Atlantique à Saint-Louis.

Pour ma part, vu la configuration de notre village, je le « cueille » juste après Kayes, là où des nénuphars accentuent sa magie.

Enchantement des cours d'eau en Afrique, quelle que soit leur dimension ! Sources de vie, lieux de passage, points de rencontres, ils créent une activité, un affairement bénéfiques, et nous extirpent de la léthargie.

Avec le fleuve Sénégal, mon imagination s'exalte. Je me laisse dériver vers la nation voisine qui porte aussi son nom. Me viennent des scènes de films vus en France sur l'Afrique occidentale du temps des premiers visiteurs français, des marquis en dentelles amoureux de tendrons qu'ils libéraient de l'esclavage et qu'ils fécondaient, créant ainsi une race de métis.

Bien que l'amour avec un Blanc ne m'ait jamais tentée, je songe à cette mixité. Serait-ce une clé pour l'avenir ? Une meilleure façon de s'intégrer les uns aux autres ? Je l'ignore...

Au Mali, je découvre une autre face des Toubabs, des Blancs qui séjournent ici. Ceux qui s'installent parmi mes concitoyens souhaitent en priorité s'enrichir et gagner plus d'argent qu'ils ne le feraient chez eux. D'autres cherchent l'amour. Il leur apparaît souvent sous les traits d'une jeune fille. Exotisme sexuel ? Comportement similaire à celui des premiers explorateurs qui, déçus par la fatuité et l'arrogance des femmes civilisées, préféraient l'innocence des autochtones ? Les observateurs restent sceptiques quant à l'amour sincère en pareille circonstance.

D'un continent à l'autre en effet, quelque chose ne change pas : la difficulté de croire à l'estime désintéressée des Toubabs... Est-ce nous qui sommes méfiants ? Avons-nous trop souffert à cause d'eux, par le passé ? Je l'ignore. De fait, quand ils nous tendent la main, la plupart du temps, c'est pour obtenir quelque chose de nous. Lorsqu'ils nous concèdent un subside, c'est-à-dire l'équivalent d'une aumône, ils réclament fréquemment en retour le double de leur mise. Ce n'est pas pour entretenir la haine que j'avance cela mais, nous l'avons constaté à nos dépens, la prétendue amitié des Blancs n'est souvent qu'hypocrisie. Sans doute, pour nous en sortir ensemble, faudrait-il effectivement des liens plus solides, sincères, voire familiaux. Peuvent-ils exister ?

Vaste question ! Ce n'est pas la petite Fatou qui refera le monde. Même si celui-ci la questionne.

Laissant derrière moi les interrogations insolubles, je reprends mon marathon au cœur de la brousse. La fréquentation de mon oncle Kaou Mamadou m'apporte beaucoup. Nos conversations me font prendre du recul sur ma propre existence.

En l'écoutant, je m'aperçois que mes compatriotes ont énormément évolué sur place. Beaucoup plus, serais-je tentée de dire, que les immigrés en France qui ont tendance à faire un lavage de cerveau à leur progéniture sous le prétexte de maintenir la tradition mythique et de rester fidèle aux préceptes immémoriaux.

Ainsi, lors de son retour en France, Wandé, ma mère, m'a confié son enthousiasme pour les changements qu'elle a notés. Ce ne sont pas les mêmes qui me troublent. Pour elle, il s'agit principalement de l'évolution des coutumes au quotidien. Que les Maliens ne mangent plus avec leurs doigts dans leurs « canaris » mais avec des assiettes à la place de ces bols et des couverts représente par exemple pour maman une véritable révolution. Pour moi, cela paraît inconsistant. En revanche, que Kaou comprenne ma révolte face à mon mariage arrangé me satisfait outre mesure. Il me donne l'absolution. Il m'enlève de la tête l'idée de n'être qu'un vilain petit canard.

– J'étais trop pressée de vivre, lui dis-je comme pour me délivrer d'une obsession. Trop pressée de devenir adulte. Pour faire la grande dame et la princesse, j'ai cédé à l'illusion. Je me suis laissé faire...

Sans me juger ni me condamner, mon oncle entend mes aveux. Il me soulage de ma confusion. Mes velléités de contestation disparaissent.

– Pourquoi ne donnerais-tu pas une seconde chance à ton couple ? finit-il par me demander.

– Oui, pourquoi pas ?

C'est insensé ce que l'on obtient des autres quand on ne les braque pas. Sans pression ni tension, sous le ciel bleu du pays, tout me paraît plus facile.

– Je vais y réfléchir...

Cet oncle, à peine plus âgé que moi, n'exige rien. C'est assez remarquable pour qu'on le souligne. Il propose, à moi ensuite de décider de mon destin. Mais je ne rejette plus avec violence ce mariage.

Peut-être faudrait-il que je sois plus tolérante avec mon ex-compagnon... Ou tout du moins plus compréhensive. Ne sommes-nous pas de la même race, du même peuple, de la même caste ? Nous avons traversé les écueils de l'immigration. Nous essayons de trouver notre place dans un pays d'adoption. Tout cela joue. Tout cela peut créer des liens. Finalement, la balle est dans mon camp.

Face à Kaou, je répète :

– Je vais y réfléchir. Il est trop tôt pour m'engager. J'ai besoin de temps pour respirer et songer à l'avenir.

– Tu as raison, fillette, surenchérit-il. Continuons plutôt notre balade. N'oublie pas que je dois te présenter quelques baobabs de ma connaissance...

Ainsi, pendant une huitaine de jours, il m'emmène visiter les villages attenants et des parents lointains. En sa compagnie, je m'initie à la torpeur des horizons africains. Seule, je goûte au charme de la sieste à l'ombre des acacias...

Là où je m'éclate, c'est quand je m'échappe sans escorte en pleine nature, sans nul spectateur. Je me mets à danser, toujours pieds nus, avec la même fougue que lorsque je marche. J'invente une musique dans ma tête. Et je danse à en perdre haleine. Mue par la vigueur du sol et la puissance du ciel, reliée aux éléments, je me transforme en fibre végétale, en roseau, quasiment en état de transe. Le stress, le désespoir, la tristesse, la solitude, la douleur s'expulsent. Des heures durant, au milieu de ce paysage qui me projette dans un univers insolite, des heures durant je danse. En digne héritière des peuples premiers, ou aborigènes comme on les nomme à présent, je danse... Tellement heureuse de cet éphémère qui m'allège, tellement loin de la civilisation, des contraintes, des mœurs occidentales mais aussi de la répression subie par la tutelle des familles, je retrouve la femme sauvage, primitive, profondément indépendante, libre !

Lorsque je suis venue à bout de ma furie, je m'écroule. Inconsciente. En apnée. Sans souffle. Je tente de récupérer, de me nourrir de cette libération, de trouver l'élan pour me relever, repartir, rebondir. Mais je demeure inerte.

Encore une fois, la trêve n'a été que de courte durée. Déjà, la souffrance regagne du terrain, se niche au creux de mon ventre et me donne les crampes qui me sont devenues familières.

Encore une journée de passée et de perdue.

Une journée à combattre. À présumer d'une amélioration. À attendre une récompense en réponse à ces efforts. Sans succès.

Il ne me reste plus qu'à guetter le jour suivant. Je supplie Allah de Se montrer miséricordieux, d'entendre ma prière, de m'absoudre, de m'enlever un peu de cette douleur, de combler le vide produit par la disparition de Niamé et des miens. Hélas, autant l'avouer au risque d'être blâmée, même Lui ne peut l'endiguer.

Je vais devoir persévérer. M'acharner. Jour après jour. Un petit bout de souffrance éliminé après l'autre. Ne jamais faillir. Et espérer la rémission coûte que coûte. Il n'y a pas d'autre issue.

Seul l'attachement si soudain, si viscéral que j'éprouve pour ce pays provoque en moi un début de cicatrisation.

– Chapitre 4 –

ÉMIGRATION, IMMIGRATION...

Vers le 10 novembre

Nous revenons à Bamako et habitons dans la maison que mon père possède en ville. À nous maintenant de nous occuper en faisant du tourisme. Nous visitons les rares monuments d'architecture coloniale de la capitale. On s'imprègne de l'ambiance de cette agglomération qui compte désormais quelque sept cent mille âmes.

Cependant, hormis les minarets avant-gardistes de la Grande Mosquée, le somptueux palais des Congrès et quelques rares bâtiments qui appartiennent au passé, Bamako ne recèle guère de trésors. Non qu'elle soit dépourvue de charme, mais sa séduction se niche plus dans l'atmosphère, la douceur de vivre qu'elle dégage que dans des prouesses architecturales auxquelles ne sont guère sensibles les Maliens qui préfèrent détruire les constructions vétustes pour en élever de nouvelles flambant neuves. Inutile de leur expliquer qu'avec de tels atouts ils pourraient attirer plus de touristes. Ils ne comprennent pas l'engouement des étrangers pour les vieilles pierres. C'est ainsi.

Tandis que depuis le 27 octobre 2005 me parviennent de France des informations alarmantes sur les émeutes des banlieues à la suite du décès inexpliqué de deux enfants d'immigrés dont Bouna Traoré, un gamin d'origine malienne, j'assiste aux derniers préparatifs co-orchestrés par le gouvernement d'Amadou Touré, la mairie de la ville et les Français, en vue de recevoir la vingt-troisième édition du sommet Afrique-France prévue pour les 3 et 4 décembre prochains. Un véritable branle-bas de combat ! Des équipes d'ouvriers terminent la rénovation du palais des Congrès et les finitions de deux nouvelles ailes, l'une destinée au centre de presse, l'autre aux conférences (travaux dont le tiers est financé par la France). Des employés municipaux réparent les panneaux de signalisation détruits en mars dernier à la suite de la défaite des Aigles du Mali qui affrontaient lors d'un match de football les Faucons togolais. Plus loin, par plus de trente degrés sous le soleil, des jardiniers plantent des palmiers sur des terre-pleins de l'avenue de l'Indépendance.

De mémoire de Bamakois, c'est la troisième fois que la capitale accueille autant de monde. Il y a d'abord eu la coupe d'Afrique des nations en 2002 qui a attiré seize équipes de football et une multitude de supporters, ensuite le sommet des États sahélo-sahariens en 2004. À présent, cette manifestation devrait rassembler une soixantaine de délégations étrangères.

– Il est question que Jacques Chirac vienne avec trois cents personnes, m'informe Kaou sur le ton d'un homme à la pointe de l'actualité. Au total, en comptant les dirigeants congolais, algériens, marocains, nigérians et les autres, on attend environ deux mille délégués et cinq cents journalistes. D'ailleurs, si tu restes un peu, tu verras Claude Chirac, la fille du président, en repérage pour effectuer une ultime vérification.

– Crois-tu que, le cas échéant, elle donnera un coup de pinceau pour participer aux finitions ?

Kaou éclate de rire puis continue son exposé :

– Blague à part, les Français se sont beaucoup investis. Ce sont eux qui supervisent la sécurité et la protection des invités. Tous les participants sont sur la brèche, les patrons des grands hôtels compris. Ça va être un sacré moment ! Les télévisions du monde entier vont braquer leur objectif sur nous ; elles vont pouvoir rendre compte de notre modernisme...

– Et de notre talent d'organisation ?

– Ne joue pas les Toubabs, veux-tu ? Même si nous sommes loin de rivaliser avec nos voisins du Burkina Faso, question efficacité, tu vas bientôt t'extasier sur les prouesses dont nous sommes capables à la dernière minute.

– Un peu d'humour, mon oncle, je te taquine...

– Il y a des sujets avec lesquels on ne plaisante pas, fillette ! Surtout celui qui concerne notre sens de la fête et de l'accueil. Je te le répète : ce sommet représente une occasion unique de promouvoir Bamako et l'état d'esprit des générations qui montent...

Mon oncle s'enthousiasme. Cela me fait du bien. Il a raison, il faut que les étrangers acquièrent une meilleure opinion de notre peuple et de notre pays. Comme toujours, on doit se faire connaître, se présenter, se montrer, sortir du silence et de l'anonymat.

Aujourd'hui, j'aimerais remercier Kaou pour son rôle de guide et de grand frère éclairé. Ses remarques me servent encore. Dans *Jeune Afrique - L'Intelligent*, un journal qui défend notre continent, et notamment dans un article d'Élise Colette, « Derniers coups de pinceau à Bamako », paru le 20 novembre, j'ai même retrouvé certaines de ses observations concernant les dispositifs de ce sommet Afrique-France.

Je reparlerai des questions débattues lors de ce sommet qui allait tomber à pic après les événements liés aux banlieues françaises. En attendant, je continue ma visite de la capitale malienne.

***

Toujours en novembre à Bamako

L'émulation augmente autour du palais des Congrès, moi j'aspire à moins de falbalas et de clinquant. J'ai besoin de me rapprocher de l'âme de ceux qui nous sont proches, de ceux qui nous ressemblent, sans me soucier de ceux des hautes sphères.

Grâce à Kaou, je rencontre des jeunes, des femmes également, dont les maris, les frères ou les oncles sont partis travailler dans des pays tels que la France mais aussi les Pays-Bas, la Belgique, l'Espagne, les États-Unis... On reconnaît facilement les maisons de ces épouses d'émigrés. Elles sont en général mieux entretenues que les autres, mieux meublées aussi, avec des divans et des appareils électroménagers qui leur assurent un certain confort.

Sans le soutien des émigrés, la population doit lutter ferme contre la pauvreté. Il ne faut pas l'oublier : ici, une personne sous-payée en métropole fait figure de millionnaire. Par conséquent, les aides ne sont pas seulement bienvenues mais indispensables. Il suffit d'aller au bureau de la Western Union de Bamako, cet organisme spécialisé dans les transferts d'argent, pour s'en apercevoir. Tous les débuts de mois, une foule y accourt pour prendre son tour dans une interminable file d'attente.

Des économistes en parleraient avec plus de précisions mais je sais que les apports financiers en provenance de ces travailleurs extérieurs se chiffrent en millions d'euros et représentent une donnée non négligeable dans le budget global du pays. C'est d'ailleurs ce que reprochent certains Français xénophobes à nos communautés africaines : de profiter de leur système pour nourrir et approvisionner « les renégats fainéants » de la brousse...

On peut avoir une autre vision des choses : cette immigration permet de venir en aide à des populations défavorisées menacées de famine, comme on en voit en ce moment au Niger ou au Kenya. Quant aux « fainéants », je l'ai déjà dit, l'Africain – et le Malien en particulier – se montre vaillant, avec du cœur à l'ouvrage. Encore faudrait-il avoir du travail à lui proposer sur place. Or les ressources du Mali sont maigres. Par manque d'eau, l'agriculture a considérablement reculé. L'artisanat est limité. Mis à part les métiers liés à la cordonnerie, la tannerie, la confection de vêtements, l'orfèvrerie et la forge, nous n'avons guère de « souvenirs » ou de produits locaux à présenter aux touristes ou à l'exportation. Résultat : les hommes, les jeunes en âge et en aptitude de bosser espèrent tenter l'aventure et foncer hors des frontières en quête d'un nouvel eldorado.

Alors que les révoltes se succèdent dans les banlieues, alors qu'il m'arrive de suivre les actualités des chaînes nationales françaises quand je trouve une télé, j'assiste par écran interposé à des reportages filmés en direct du Mali pour dénoncer les « méfaits » de l'émigration sauvage. Ceux qui sont concernés et que les journalistes interviewent disent tous la même chose : ils sont prêts à risquer leur vie pour franchir la ligne de démarcation.

Quel aveu de désespérance !

Les images tournées cet automne à Melilla, une des enclaves espagnoles, où se dressent les camps de prisonniers sans papiers et hors la loi, parlent d'elles-mêmes. Des diplômés, des supercracks n'ont que cette seule obsession. Partir loin d'ici.

– Quitte à mourir, ajoutait l'un d'eux.

Un autre renchérissait :

– Que l'Occident se tienne sur ses gardes, en particulier les pays au nord de notre continent. Si la disette continue, il y aura bientôt des hordes d'Africains qui les envahiront.

Plutôt que végéter et subir la déchéance de l'oisiveté, autant jouer le tout pour le tout. Les nantis devraient se méfier des gens qui n'ont plus rien à perdre, qui n'ont que l'énergie du désespoir comme moteur. Il ne faut pas les sous-estimer. Je n'avance pas cela comme une menace mais comme un constat. La faim peut conduire à des actes terribles.

Certains de nos compatriotes peuvent sans doute bénéficier de ce que l'on appelle « des filières de l'immigration ». Un article de Philippe Bernard : « Mali, partir pour se nourrir », paru dans le journal *Le Monde* le 4 décembre 2005, le raconte bien en s'appuyant sur l'exemple du village de Kabaté. Il dit en substance que cette commune (assez proche de Yelimane) peuplée de deux mille habitants ne vit « que des fonds envoyés par ses deux cents ressortissants en France ». Il explique comment, arrivés à Bamako, les jeunes villageois font appel à « un *coaxer*, un intermédiaire malien qui, moyennant une somme astronomique – jusqu'à deux millions de francs CFA, soit trois mille euros – financée elle aussi par les émigrés, se fera fort de leur procurer le précieux tampon ». Le tampon du visa, bien sûr. Parfois ça marche, parfois non. Quoi qu'il en soit, il faut ensuite s'acharner à survivre.

Dans cet article, un gamin du village dit : « L'émigration, c'est le bonheur pour toute la famille. » Un autre avance : « On a été colonisés par la France, c'est en France que l'on doit aller. » Ce sont des thèmes que l'on entend sans cesse.

Selon ce quotidien, encore, « l'émigration massive fait naître des besoins nouveaux », causés en grande partie par l'abandon des cultures traditionnelles du sorgho et du mil, l'évaporation des forces vives et la situation d'assistanat proposée aux jeunes générations.

Parallèlement, le comportement de certains émigrés change. Ceux-là songent plutôt à s'installer « vraiment » dans leur pays d'adoption et nombre de leurs enfants grandiront sans rien connaître de leurs origines.

Ajoutons à cela la diminution des « migrations rotatives » en raison du renforcement des contrôles des différents gouvernements européens qui veulent maîtriser le flot incessant d'étrangers et fermer leurs frontières. Avant, lorsqu'un ancien revenait, un homme à la fleur de l'âge le remplaçait. Il y avait une relève. Mais c'est de moins en moins le cas. Bien au contraire ! Du moins dans le circuit officiel.

Le nombre de ces jeunes qui attendent à Bamako en faisant des petits boulots de vendeurs à la sauvette et guettent l'occasion d'un « bon plan » grossit sans cesse. Un bon plan qui peut se révéler catastrophique.

Comme je le disais, ils sont prêts à tout, même à y laisser leur peau. Quand ils ne peuvent pas s'offrir les services d'un intermédiaire, obtenir le certificat d'hébergement, le visa et le billet d'avion subventionné par un parent, ils préparent leur voyage par voie terrestre. Souvent, de cette façon, ils parviennent aux abords de Ceuta ou Melilla, ces enclaves espagnoles sur le sol marocain, et ils tentent ensuite de prendre un bateau en partance des côtes du Maroc vers l'Espagne. Nombre d'entre eux, quand ils ne se sont pas perdus dans le désert ou mortellement blessés en s'accrochant au train d'atterrissage des avions, périssent alors noyés...

On devrait dénoncer cette situation d'urgence avec plus de véhémence. En dépit de cela, lors de la reconduction de centaines de ressortissants refoulés du Maroc et de Melilla, Amadou Touré, le président du Mali, prétend qu'il faut « dédramatiser la situation ».

Invité le 17 novembre à se joindre à une conférence de presse avec le président de la Commission européenne à Bruxelles, M. Touré prône « calme et sérénité ». Il insiste sur les bienfaits d'une émigration « qui rapporte au Mali » et parle alors des exploits de Ladji Doucouré, le champion français du cent dix mètres haies, fils d'un Malien et d'une Sénégalaise.

En tenant ces propos, il se fait l'allié des gens qui nous tolèrent. Sauf si nous nous en sortons par nous-mêmes. Prenez Yannick Noah, la personnalité préférée des Français : quand il gagnait un match de tennis, on parlait de lui comme d'un Français ; en revanche, quand il perdait, on évoquait le joueur d'origine camerounaise. Son exemple n'est pas unique. Quand on se montre un bon élève on est presque blanc, quand on déçoit les maîtres on retourne à l'état sauvage.

En tout cas, ceux des nôtres qui sont pris en fraude lors d'une tentative d'infiltration en zone civilisée sont reconduits par charters sur le sol malien. Je les ai vus aux actualités télévisées, j'ai vu la détresse dans leurs regards.

Pendant mon séjour à Bamako, j'ai parlé avec quelques-uns de ceux qui rêvent de partir. Ils m'ont demandé des conseils afin de réussir leur départ et de rejoindre « la terre de l'or ». D'autres, qui avaient échoué, n'osaient pas rentrer bredouilles dans leurs villages, leurs familles, et cachaient difficilement leur humiliation. Moi, j'avais du mal à retenir mes larmes. Je ne pouvais répondre à leurs demandes. Ce n'est ni en mon pouvoir, ni dans mes compétences. Que faire pour les dissuader de se mettre en danger ?

Et où est le progrès dans tout ça ? Le respect des droits de l'homme ? La civilisation ? Quand je regarde dans le dictionnaire la signification de ce dernier mot, je lis : « Ensemble de phénomènes sociaux (religieux, moraux, esthétiques, scientifiques, techniques) communs à une grande société ou à un groupe de sociétés ; ensemble des caractères communs aux vastes sociétés considérées comme avancées... » Comment peut-on se croire évolué lorsque des milliers de personnes, des peuples entiers meurent de faim ? Et je ne parle pas que du Mali. Il suffit de regarder juste à côté, vers le Niger, pour voir encore plus malheureux et des populations à l'agonie.

Mon but n'est pas de jeter l'opprobre sur les Français ou sur les Africains. Je suis trop « petite » pour avoir droit de parole auprès des élites. Mais c'est justement la voix d'un de ces petits qu'il faudrait entendre.

J'aimerais pousser un cri d'alarme sur les dysfonctionnements d'un système qui à plus ou moins long terme va condamner les pauvres, le tiers monde disséminé aux quatre coins de la planète dans les pays démunis, et le quart monde stagnant en marge de la société de consommation des nations converties à la mondialisation. Help ! Au secours ! Nous sommes tous en train de nous noyer. Aidez-nous ! Réfléchissons ensemble pour arrêter ce jeu de massacre, ce génocide social. Il ne suffit pas d'obtenir l'indépendance, encore faut-il devenir autonome. C'est ce qu'une mère apprend en priorité à ses enfants. Aidez-nous à devenir autonomes ! Rendez-nous notre dignité !

Le problème des banlieues, des mal-logés et de l'immigration sauvage sera-t-il juste résolu par la répression ? J'ai bien peur que non. Il faudrait plus. Tellement plus...

En juillet 2005, à Édimbourg, en Écosse, se déroulait le G-8 avec MM. Chirac, Blair, Bush et autres éminences. Alors qu'ils avaient prévu de consacrer leur réunion à la dure situation de l'Afrique, à la suite des derniers attentats commis à Londres ils traitèrent surtout du terrorisme. Pourtant la jeunesse de la planète assista quand même à une magnifique entreprise.

Zoom sur le *Live 8* !

En Angleterre, en France, en Allemagne, aux USA, en Italie, en Russie, au Canada et en Afrique du Sud, un peu partout dans le monde, sous la tutelle de Bob Geldof, l'ex-chanteur irlandais des Boomtown Rats, des artistes organisèrent le *Live 8* pour lutter contre la pauvreté en Afrique et créer le « chemin de croix vers la justice ».

Des centaines de groupes de rock, pop, jazz ou rap et des chanteurs tels que Madonna, Paul McCartney, Annie Lennox, Elton John, Robbie Williams, Sting, U2, UB 40, les Who chantèrent pour nous à Londres ; Andrea Bocelli, Amel Bent, Axelle Red, Diziz la Peste, Faudel, Florent Pagny, Louis Bertignac, Raphaël, Shakira, Yannick Noah, Youssou N'Dour à Paris ; Stevie Wonder et bien d'autres à Philadelphie ; Orchestre Baobab, Jabu Khanyile and Bayete, Malaika, Vusi Mahlasela à Johannesburg.

Vingt ans après le *Live Aid* de juillet 1985 où l'on avait vu David Bowie, Mick Jagger, Tina Turner, Phil Collins et U2 se mobiliser contre la famine en Éthiopie, les rockeurs au cœur d'or ont remis ça.

Le rock humanitaire à l'assaut des consciences des leaders de ce monde !

Les journaux ont critiqué Bob Geldof et son prétendu désintéressement qui cacherait des intentions inavouées de vendre des disques. De toute façon, il y a toujours des gens pour ne voir, ou supposer, que le côté du mur à l'ombre...

Bono, le chanteur de U2, Sting, Noah se sont aussi engagés pour que les choses changent. Ces concerts n'ambitionnaient pas de récolter de l'argent mais de lancer une offensive politique afin que les gouvernements tiennent leurs promesses et que l'opinion publique se mobilise autour d'un slogan choc : chaque jour trente mille enfants meurent en Afrique d'extrême pauvreté.

Peu après l'annonce de ces manifestations musicales, George Bush a annoncé un doublement de l'aide américaine d'ici à 2010. On ne nous a pas informés des autres suites de cette belle initiative. Mais elle a eu lieu. C'est déjà ça.

Et faute de pouvoir aider moi aussi ceux qui me demandent conseil, je meurs de honte. Honte d'être si impuissante, si inutile. Honte aussi de n'être ni d'ici ni d'ailleurs. Honte de ne pas savoir de quel côté me situer pour agir.

***

Pour en revenir au sommet des 3 et 4 décembre 2005, M. Jacques Chirac y fut vivement interpellé par des journalistes africains à propos des « traitements infligés par la France aux jeunes des banlieues » et des « charters vers l'Afrique » qui se multiplient.

Le président français leur a expliqué « les conditions de vie dans un certain nombre d'endroits en France, qui ne donnent pas, en tout cas aux jeunes, des chances suffisantes » et qui développent chez eux le sentiment d'être « laissés sur le bord du chemin », mais il a cru bon aussi de préciser qu'il n'existait « pas de lien entre la crise que nous avons connue récemment en France et la polygamie ». Je n'ai pas très bien compris ce qu'il sous-entendait par là.

M. Chirac les a également informés de la délivrance de visas français liés à l'échange pour des cadres, entrepreneurs, artistes, enseignants ou chercheurs africains et son intention de défendre le fait que les Africains formés en France « s'engagent à servir leur pays un certain temps ».

Amadou Touré, le président du Mali, l'a remercié de ce « beau cadeau ». Néanmoins beaucoup d'entre nous ont retenu de ses déclarations une volonté de développer une « immigration choisie ».

Les jeunes, en particulier, ne s'y sont pas trompés. Ces « réformes » ne concernent, encore une fois, que ceux qui s'en sont déjà sortis. D'un côté comme de l'autre, les chefs d'État entretiennent le même discours, la même illusion.

En attendant...

En attendant de recevoir les fruits « positifs » de cette politique vantée par le président malien, on continue, comme dirait Jamel, de nous prendre pour des bouffons à qui l'on sert des boniments.

Jamel et ses copains de différents collectifs se mobilisent désormais afin d'encourager les jeunes à s'inscrire pour voter.

Mais pour ceux qui comme moi n'ont pas la nationalité française... Ne nous reste que l'espoir, un espoir rudement malmené d'ailleurs, et une prière. Que l'on secoure ceux qui souffrent de mal-être au point de fomenter émeutes et insurrection. Que l'on endigue les disparitions de ces gamins africains en route vers le Nord. Que l'on respecte cette multitude laissée « en bordure du chemin ». Plus tard, j'aimerais dire aux générations futures que l'émigration, et l'immigration, son corollaire, n'étaient pas seulement des fossés sur l'autoroute de la vie.

– Chapitre 5 –

EN MAL D'IDENTITÉ

Samedi 26 novembre 2005 à Paris

On ne peut pas dire que je reviens « au pays », dans cet Hexagone où j'ai grandi et passé la quasi-totalité de mon existence, mais j'y retrouve malgré tout ma famille, mon unique port d'attache.

Ça fait plus d'un mois que je suis partie. J'ai vécu beaucoup de choses. Mon cœur est plein d'images, de couleurs, d'odeurs, de saveurs, d'impressions que je n'avais jamais connues auparavant.

Mon esprit, me semble-t-il, s'est fabriqué son ordinateur personnel. Je n'ai plus qu'à cliquer sur le menu, pour choisir un document, une photo ou un texte, et s'impriment sous mes yeux le sourire d'un gamin, un paysage de Yelimane, une ruelle ou une cour de Bamako, une scène avec les porteurs d'eau, les marchés si bariolés sur lesquels je passais des heures à admirer la magnificence des boubous... J'entends les témoignages des uns et des autres sur le mariage, les arrangements des familles, l'expatriation, des thèmes tous en rapport avec l'avenir des populations d'origine malienne. Il suffit que je ferme les paupières. Le kaléidoscope de mon séjour se remet à fonctionner. Un éclair de fulgurance me traverse. L'âme éblouie, étourdie par tant de vitalité, d'exubérance, je revis.

Pourtant, même si mon absence n'a duré que cinq semaines, dès que j'ai franchi le seuil de l'appartement familial, porte de Clignancourt, le temps s'est arrêté. En apesanteur. En lourdeur. En douleur. Figé ! On dirait que je ne me suis éloignée que quelques minutes.

Aussitôt la charge affective qui pèse sur les épaules de mes parents retombe sur moi. À peine les ai-je salués que mon corps se sépare en deux, de nouveau disloqué, fractionné. Loin de moi l'idée de vouloir les juger. Cela n'a rien à voir. Je ne me permettrais d'ailleurs ni de les critiquer, ni de les blâmer. Je comprends trop leur peine, si identique à la mienne. Et encore si présente ! Il suffit d'un rien pour qu'elle resurgisse, intacte.

Face à eux, j'ai donc envie de faire preuve de compassion. Mais je n'éprouve pas que ce sentiment-là. Soudain, une colère, une violence s'empare de moi. Parce que je n'en peux plus de ce malheur, de ces lamentations. Combien de temps cela va-t-il durer avant la délivrance ?

J'aime mes parents, ma famille entière ; je les estime, les respecte et les vénère. Pourtant je ne supporte plus les choix qu'ils me forcent à valider.

Désireuse de me retrouver enfant, adolescente, je

souhaiterais me réfugier dans leur giron et tirer un trait. Oublier. Remonter la marche du temps et effacer. Gommer mon mariage à seize ans, cette maternité assassinée. Recommencer une autre existence. Mais tout ça est impossible. Bien que ce soit à mes dépens, il me faut assimiler la leçon : on ne se construit qu'en acceptant et en transformant les épreuves. C'est la loi de l'existence. Même si son tribut est lourd, il me faut m'y plier.

Heureuse de revoir les miens, de les embrasser, de sentir leur présence, je me révolte contre cette pression que ces retrouvailles dynamisent et provoquent.

Je refuse de me morfondre, je refuse de me plier à l'autorité d'autrui, je refuse l'éventualité de reprendre la vie commune avec mon époux malgré les suggestions de l'oncle Kaou, je refuse de n'avoir aucune autre solution.

C'est trop. Totalement irrespirable.

Le drame m'a fourni un certificat de maturité.

J'ai vingt ans, soit. Mais mon expérience de la souffrance m'a affranchie, m'a fait devenir majeure et adulte.

La mission d'accompagner les dépouilles au Mali, le sens des responsabilités que les miens m'ont demandé d'endosser ont fait de moi une personne différente.

De retour au bercail, sous le ciel de chagrins et de nostalgies de la capitale, entre les murs de notre appartement qui semble avoir rétréci en comparaison de l'immensité des horizons africains, j'étouffe.

Cela dure peu de temps, cinq minutes peut-être. J'ai envie de déguerpir, de prendre le large.

Mais je ne le fais pas. Je ne peux pas le faire.

Pourquoi ?

Parce que je ne désire pas être celle qui va de nouveau briser le cœur de ceux que j'aime. Alors je ne dis rien. Je refoule ma hargne, ma violence qui enfle d'autant plus en moi que je dois la comprimer. Je me recroqueville sous une carapace de mutisme. Tendue comme un arc. Attentive à ne rien laisser transparaître, je me laisse engloutir dans l'apathie.

– Ça va ?

– Ça va ! Et vous ?

– Ça va aussi.

Voilà, tout est dit. Viennent ensuite les palabres, les questions, le récit avec moult détails de mon voyage. Un cousin, un oncle passent. On me demande de reprendre depuis le début et de répéter.

Quelques heures plus tard, je rends visite à mon père, à l'hôpital de Créteil où il est soigné désormais. Je lui offre une nouvelle version de mon odyssée. Selon son souhait, je m'attarde plus sur les cérémonies d'hommage aux disparus.

Je remplis ma mission. C'est incontestable. Mais je rate le coche pour accomplir ma destinée.

Le quotidien reprend là où je l'ai laissé cinq semaines plus tôt. À la maison, ce ne sont que pleurs. Il me devient difficile d'y séjourner pour une longue durée.

Dehors, avec Kadja ma cousine de Montreuil, on arrive à rigoler, à blaguer, à décompresser, histoire de

« se faire perdre le temps ». Heureusement que Kadja est là. Seule son innocence me rassérène. Nous n'avons même pas un an de différence. Pourtant, à côté d'elle, je me sens vieille. Quand elle s'absente, paradoxalement, je me trouve trop jeune pour supporter mes meurtrissures. Mais dès qu'elle revient, sa jeunesse, son énergie me transpercent.

Kadja a le chic pour semer de la gaieté dans le désespoir. Tout pour elle est prétexte à plaisanter. Même celui de piquer les baskets de ma sœur de quinze ans. Et les voilà à se chamailler jusque dans les couloirs de notre immeuble de la Porte de Clignancourt.

– Rends-les-moi !

– Non ! Pas question. T'as qu'à pas les laisser traîner.

– Tu n'es qu'une chienne...

Kadja éclate de rire. Sur le ton qu'emploient tous les *rebeu* et *kebla* dans l'argot des banlieues, ma benjamine se répand en insultes grossières. Sa voix de crécelle glapit haut et fort. On dirait qu'elle va transpercer les parois. Mais la cousine s'enfuit avant que la plaignante ne la rattrape.

À l'instar de Dadé, la seule fille à présent de Bay, Kadja illumine la grisaille et l'ennui de sa force de vie. Ensemble nous essayons de voir des copains, de chasser la mélancolie, de nous balader malgré la neige qui couvre Paris comme aujourd'hui.

Hormis ces récréations, rien ne se dit, rien ne se fait. Moi, je ne la ramène pas. Je marche droit. Avec application, je remplis les tâches, les devoirs que l'on attend de moi. Une course pour l'un, une formalité pour l'autre.

D'un accord tacite, tous savent qu'il faudra du temps pour se remettre. Ils en ont le désir, je le sens bien, en dépit même des assertions de mon père, de ma mère et de Bay qui jurent de ne jamais oublier ce drame, allant même jusqu'à comptabiliser les pertes de vies humaines subies par l'un ou l'autre afin de comparer leur désespoir. Un jour, ils iront mieux. Pour l'heure, il s'agit juste de tromper l'attente.

Comptant sur leur indulgence afin qu'ils me laissent tranquille, je remets à plus tard la décision qu'ils espèrent de moi : celle de revenir à la raison, de me soumettre aux traditions.

Néanmoins je mets à profit ce répit en présentant le projet de ce livre qui soudain s'offre à moi comme une ultime diversion.

Tout plutôt que choisir...

Les parents se montrent surpris que l'on m'ait proposé de rédiger ce récit, à moi, la gamine. Mais assez vite, une fois qu'ils ont répondu à mes questions quant à leur ressenti sur ces événements, ils omettent de m'en reparler. Non par indifférence. L'idée de ce livre, je suppose, leur est trop abstraite. Il paraît que cela se produit souvent dans l'entourage de celui qui témoigne. L'ouvrage ne devient réalité qu'à sa parution.

Pour ma part, j'espère de tout cœur que le fait de

mettre des mots sur le silence qui m'étouffe m'aidera à envisager un début d'avenir.

De surcroît, j'aspire à ce que ce livre serve la cause de ces Africains qui appartiennent désormais à une certaine vérité de la France, et à ce qu'il informe aussi des galères des mal-logés et des défavorisés.

L'an 2005 a apporté son lot d'épreuves sur chaque coin de la planète. Ce fut une année sombre, marquée par l'épreuve du feu. Jusqu'au bout, il aura éprouvé le genre humain. Dès ma rentrée du Mali, je le constate. La sensibilité de chacun est exacerbée.

*
**

Écriture et entretiens aidant, je pose ma vie à plat, si j'ose dire. Hormis le « problème » du mariage, il me faut songer à un projet professionnel.

Alors que j'ai longuement palabré sur le passé composé, l'imparfait, le présent, je songe à imaginer le plus-que-parfait, pas celui des temps ancestraux, du paradis d'avant la chute, mais celui des lendemains heureux. Car ils existent. Et je veux y croire.

La vie bouillonne en moi et je souhaite l'honorer. Je la sens. Elle court dans mes veines. Elle circule. Elle galope. Elle réveille les promesses qui sommeillent en mon cœur. Oui, elle ne demande qu'à s'extérioriser alors que je la refoule et que je la boude...

Bien sûr, j'éprouve encore un peu de honte devant ma résistance et ma bonne santé physique. Pourtant, il va falloir que je m'y fasse, que je les assume face aux autres et même face à ma famille. Je ne pourrai pas baisser la tête, me nier et me diminuer indéfiniment. Au nom de cette vie qu'Allah a bien voulu me réserver, il va me falloir non seulement survivre mais vivre.

Souvent, lorsque les gens manifestent de la sympathie à mon égard, ils me posent régulièrement une gamme de questions identiques. À savoir :

– D'où venez-vous ?

Ce à quoi je réponds :

– Du dix-huitième ! Et vous ?

Silence et bredouillements. Ils ne s'attendaient pas à celle-là ! Ils supposaient que je parlerais de mon pays d'origine. Eh bien non. Échec et mat ! Ça suffit. Remis de leur surprise, ils enchaînent :

– Et que comptez-vous faire dans la vie ?

Là, c'est à moi d'encaisser une vraie colle.

Dans ces moments-là, je donnerais n'importe quoi pour me retrouver dans une comédie musicale – genre Bollywood, le cinéma hindou à la sauce guimauve – dont je serais l'héroïne. Ambiance kitsch. Décors somptueux, luxuriants. Dans un palais des *Mille et une nuits*, façon Tombouctou. Auprès de moi, une fée me projetterait grâce à sa baguette magique dans chacun de mes projets.

Abracadabra...

Me voici coincée derrière le comptoir d'un commerce de restauration rapide, la blouse rose et blanche, les cheveux ramassés en catogan sous un béret à l'image de l'enseigne. Je prépare un plateau-repas quand j'entends la voix de la magicienne sortie d'un haut-parleur qui me hurle :

– Stop ! Arrête tout de suite... Aucun retour en arrière n'est permis. Tu dois changer d'orientation.

L'image se fige comme lorsqu'une cassette vidéo est détériorée. Arrêt sur ce plan. La fée agite de nouveau sa baguette.

Abracadabra.

Projetée sur les bancs d'une école, je rédige un devoir d'histoire pour le bac. Il traite de la Révolution française. Je réfléchis à la manière d'introduire le chevalier de Saint-Georges, un métis moitié blanc moitié martiniquais, le premier musicien de couleur « français », fou de violon et compositeur de concertos très inspirés de Mozart, qui servit aussi dans l'armée de l'époque.

Mais l'image se bloque de nouveau. Je ne me vois pas jouer les étudiantes. Comment fréquenter des mômes sans expérience avec les valises que je me traîne maintenant ? Cela me semble incompatible.

– J'abandonne cette option, dis-je à la fée.

Sans se décourager, celle-ci s'apprête encore à intervenir en ma faveur quand je l'interromps non sans quelque brutalité :

– Que voulez-vous me proposer, maintenant ?

– Un stage comme aide soignante. N'avais-tu pas envie de devenir infirmière, quand tu étais gamine ?

– Oui, je voulais aider les autres. Mais sans le bac,

autant y renoncer. Même avec un passe-droit comme le vôtre, je ne pourrais pas contourner les obstacles.

– Alors que souhaites-tu ? me demande la bonne fée un tantinet exaspérée.

Je lui prends son instrument des mains, le secoue à mon tour et murmure : « Abracadabra... »

Mes jeans fondent comme neige au soleil. Un tailleur veste et jupe hyperclasse les remplacent. Bien maquillée et apprêtée, je compulse des dossiers que je sors de mon attaché-case.

– Voici, dis-je à un partenaire, le catalogue de mes produits made in Mali. C'est un assortiment de ceintures et de sacs parfaitement conçus. En dernière page, vous trouverez l'adresse du site Internet et le bon de commande pour les adeptes de la vente par correspondance.

– Vous êtes une femme d'affaires redoutable, s'étonne mon interlocuteur.

Magnanime, je lui souris d'un air qui sous-entend que j'attends ses suggestions ou une énorme commande. Comme les images continuent de défiler sans qu'aucune interruption ne les brouille, je poursuis mon laïus :

– Anticipation, décision, action, telle est ma devise. Je viens de créer une chaîne de commerce équitable d'artisanat pour l'Afrique occidentale. Avec un cahier des charges qui atteste de la filière de production et certifie qu'aucune des personnes employées dans cette chaîne n'est exploitée...

Le client satisfait acquiesce. Lorsqu'il s'en va, survient mon amie la fée.

– Alors c'est ça que tu veux devenir ? Une femme d'affaires ?

– Oui, absolument.

– Mais n'aurais-tu pas envie de suivre une école de commerce et de te perfectionner en anglais ?

– J'apprendrai sur le tas.

– Tu es vraiment décidée ?

– Oui, ce serait un moyen de vivre ici et là-bas, en Afrique.

– Tu as toujours la hantise de choisir !

– Arrêtez de jouer les rabat-joie ! Dites-moi, vous êtes une fée, oui ou non ?

– On peut le dire comme ça. Je peux t'aider à mieux lire en toi mais tu seras la seule à tenir les rênes de ta destinée. À bon entendeur, salut...

– Eh, pas si vite, attendez...

Aussi leste que sa copine qui vole dans un bruit de clochettes, la magicienne tire sa révérence. Et moi je me retrouve seule, selon mon habitude, face à mes fameux dilemmes !

*
**

Comme je l'ai déjà dit, les exigences de la famille, plus fidèle aux traditions que les Maliens restés sur le sol de la mère patrie me tarabustent. Les revendications que j'aimerais imposer aux miens pour me permettre d'exister me barbent tout autant.

Entre les préceptes d'hier et les impératifs d'aujourd'hui, entre les coutumes rétrogrades voire dépassées et les besoins d'une jeune femme en mal d'identité, il faut toujours arbitrer.

Quelle fatigue, ce concept de double culture, à la fin ! Dans les moments de récrimination, je voudrais tout envoyer balader. Pourquoi voter blanc ou noir ? Trancher pour l'un ou l'autre ? Les enfants de la deuxième et bientôt de la troisième génération d'immigrés ne sont pas ceci ou cela mais un panachage, un mélange, au même titre que les métis. Et cette mixité, pourtant si riche, est ce qu'il y a de plus dur à assumer et à s'approprier. Peut-être cela sera-t-il plus facile pour les suivants ? Ils auront moins de questions à se poser. Mais avant que ne survienne cette prochaine vague, les gens comme moi se prennent la tête.

Ils sont « en mal d'identité », dit-on des immigrés de couleur.

Est-ce si sûr ? À mon sens, la couleur de la peau importe moins qu'on ne le croit. Dans les banlieues cet automne, on a compté autant de mômes d'origine française que de gamins issus de l'immigration.

Que l'on nous donne à tous des lieux, des logements, des clubs sportifs, des centres culturels pour nous épanouir, des écoles pour nous accomplir, que l'on établisse des critères pour promouvoir l'égalité des chances pour chacun d'entre nous, que l'on procède à des actes plutôt qu'à des mots et cette fraction de jeunesse en péril pourra montrer ses talents et prouver qu'elle n'est pas synonyme de chômeurs en latence...

Le mal d'identité ?

Oui, peut-être mais il existait bien avant que se dessine la France black, blanc, beur. Le mal d'identité, chacun en souffre tant qu'il n'a pas trouvé ce pour quoi il est fait, ce à quoi il aimerait se consacrer. Chaque être humain passe par là. Disons simplement que pour les rejetons des immigrés, le parcours est carrément plus escarpé et laborieux.

ÉPILOGUE SANS CONCLUSION

11 janvier 2006

L'aventure de ce livre arrive à son terme sur le plan de l'écriture. J'aurais aimé qu'elle se solde par une fin heureuse, ce n'est pas le cas. Mais à défaut de celle-ci, j'éviterai néanmoins de sombrer dans le mélo.

Comme tout un chacun, j'ignore pourquoi certains êtres, certaines familles se voient condamnés à traverser le drame que nous avons connu.

Selon l'explication la plus fréquente que j'ai obtenue, il paraîtrait que ce genre d'exemple sert à éveiller les consciences. Je veux bien. Mais Dieu que le cœur humain est dur s'il lui faut le spectacle de tsunamis, d'ouragans, de famines ou d'incendies meurtriers pour s'ouvrir !

Et encore ! En ce qui nous concerne, depuis le 26 août, qu'y a-t-il de changé ? A-t-on assisté à une révolution des comportements à notre égard ? Sans doute mais pas de façon flagrante. Cependant s'est opéré un curieux concours de circonstances. Comme en réponse aux contrôles de papiers, aux rafles, aux expulsions des résidents non autorisés à rester sur le sol français, le phénomène de masse des banlieues a dominé l'actualité. Pour en venir à bout, il a fallu recourir au couvre-feu, une mesure délaissée depuis la guerre d'Algérie.

Mesure dissuasive en apparence puisque les émeutiers se sont calmés. Du moins pour un temps.

Pourtant...

La nuit de la Saint-Sylvestre, des jeunes sont de nouveau sortis de leur tanière pour semer bazar, provocations, violences, notamment dans un train entre Nice et Marseille.

Alors ?

Je vois là, outre des actes déplorables d'incivilité, un appel au secours désespéré pour sortir du ghetto tissé autour d'eux et autour de nous.

En cette deuxième semaine de janvier, alors que je délaisse exceptionnellement les livres que j'affectionne tant, je regarde les programmes de la télévision. Le lundi 9, sur France 3, passe une émission, « L'École est finie », où des jeunes de différents horizons témoignent de leur insertion dans le monde du travail.

Deux jours plus tard, le poste implose ! Pour la première fois dans une pub, une famille de Noirs vante une marque de dessert au chocolat. Je préfère ne pas supposer que c'est en fonction de la couleur mais plutôt pour laisser s'exprimer une part de la population.

Dans la même soirée, France 2 présente un téléfilm : *Par la grande porte*. Celui-ci traite du combat d'une jeune Pakistanaise, désireuse de suivre des hautes études, qui doit affronter l'opposition de ses parents très traditionalistes et l'hostilité de ses pairs et congénères.

Bon, on a déjà vu certaines fictions racontant les déboires des Africaines confrontées à des mariages forcés ou arrangés, et les combats d'intégration menés par des hommes au teint basané. Corneille et Noah ont conquis les places d'honneur des ventes de CD. Les journaux destinés au public de notre couleur se développent aussi. Ça bouge ! Espérons qu'avec ces améliorations, le reste suivra. Mais dans pas trop de décennies, j'espère ! Le temps presse pour apaiser les impatients et les laissés-pour-compte.

*
**

Sur un plan plus individuel, l'insurmontable pour moi consiste à pardonner au Ciel la disparition de ma Niamé. J'ai du mal à passer à autre chose.

Un poète, paraît-il, aurait écrit : « Quand on aime, il faut partir. »

C'est vraiment dur à concevoir.

En regardant des bribes du portrait consacré à Yannick Noah en fin d'année sur une chaîne nationale, je l'ai entendu évoquer son enfance, la chance que le grand champion de tennis Arthur Ashe lui a offerte en lui permettant de venir étudier en France et l'infinie bonté de sa maman qui accepta alors de se séparer de lui.

Ce qui fait dire en substance à Noah : « La plus grande preuve d'amour que l'on peut accorder aux êtres chers, c'est de les laisser partir... »

Ça, ça m'est plus accessible. Je le comprends mieux. « Quand on aime, on laisse partir. » Cela représente un sacrifice insupportable. Mais il symbolise le don par excellence.

Ainsi donc, puisqu'il le faut, je vais poursuivre avec discrétion mon travail de deuil. Chaque matin, chaque soir, je vais m'évertuer à dire au revoir à ma fille, lui murmurer les mots que ne n'ai pas eu l'opportunité de prononcer avant son départ, ni même au Mali devant son cercueil. Je vais libérer son âme afin qu'elle se détache de moi et gagne des cieux plus paisibles. Je vais lui offrir le meilleur que pourra jamais concéder mon cœur : en imaginant qu'elle s'éclipse pour un long voyage, je vais lui permettre de prendre son envol vers un univers, un au-delà de paix et de lumière.

Enfin, seulement, je m'attaquerai à mes souffrances personnelles.

*
**

Aujourd'hui il m'est plus facile d'écrire ou d'enregistrer mes propos que de parler. Sûrement pour ne pas être interrompue, parce que je n'aurais pas la force de reprendre la conversation. Parce que c'est le seul moyen de combler les fossés et le décalage qui existent entre moi et les autres. Mais avant tout parce que la souffrance ne s'en est pas allée et qu'elle me mord toujours avec la même acuité.

Pourtant le mal de cœur finit toujours par sortir. Même avec difficulté et lenteur. En trépignant, en rageant, en maudissant le temps qui s'écoule comme un poison trop lent dans ses veines. J'attends donc ce moment, l'instant béni qui me permettra de surmonter ma douleur, de me remettre dans la vie active, de me libérer de ma famille avec délicatesse, sans la provoquer ou la brutaliser, tout en continuant de la respecter... afin de devenir moi-même.

Tout ça est terriblement difficile. Mais je vais m'accrocher pour me faire une place dans la société française. Je vais essayer de trouver du travail, d'avoir suffisamment d'argent pour m'offrir de nouveaux séjours au pays et enfin de régler mes problèmes familiaux sans encourir les foudres des uns et des autres. Comme ça, à première vue, le chemin paraît insurmontable. Surtout quand on n'est pas aidée, pas toujours estimée. Mais pour me réconcilier avec moi-même, et réconcilier en moi mon appartenance à ces deux cultures.

Je sais que je ne pourrai pas sans cesse jouer à l'étourdie qui fuit les rendez-vous, les engagements professionnels, amicaux ou sentimentaux, sous le prétexte qu'ils me font peur et qu'ils me donnent l'impression de m'enfermer dans une cage.

Je sais que je me fabrique des limites et les barreaux de ma propre prison. Je le sais. Je ne peux qu'espérer changer, laisser le temps réparer. Pour que j'ose enfin vivre à nouveau.

Pas survivre, mais vivre !

L'appel de la vie étant le plus fort, le mal de cœur finit toujours par sortir...

REMERCIEMENTS

Je remercie Pierre Féry, Huguette Maure, Albertine Gentou, ma famille, mes amis, et toutes les personnes qui m'ont soutenue durant cette épreuve.

BIBLIOGRAPHIE SUCCINCTE

Hamadou AMPÂTÉ BÂ, *Amkoullel, l'enfant peul ; L'étrange destin de Wangrin*, Éd. 10/18.

Seydou BADIAN, *Sous l'orage*, Éd. Présence africaine, 1976.

Maryse CONDÉ, *Ségou*, Éd. Robert Laffont, 1984.

Massa Makan DIABATÉ, *Le Lieutenant de Kouta ; Le Coiffeur de Kouta ; Le Boucher de Kouta*, Éd. Hatier, 2002.

Aouta KEITA, *Femmes d'Afrique,* grand prix littéraire d'Afrique noire 1976.

Modibo Sounkalo KEITA, *L'Archer bassari*, grand prix littéraire d'Afrique noire 1984.

Ahmadou KOUROUMA, *Les Soleils des indépendances* ; *En attendant le vote des bêtes sauvages*, prix du livre Inter, 1999 ; *Allah n'est pas obligé*, prix Renaudot 2000 ; *Quand on refuse, on dit non*, Éd. du Seuil, 2004.

Camara LAYE, *Le Griot conteur.*

Ibrahima Mamadou OUANE, *Les Dogons du Soudan.*

Yambo OUOLOGUEM, *Le Devoir de la violence,* prix Renaudot 1969, rééd. Le Serpent à plumes, 2003

Alex URSULET, *Pourquoi me tutoyez-vous ?* Flammarion, 2005.

TABLE DES MATIÈRES

Direction littéraire
Huguette Maure
assistée de
Maggy Noël

Composition PCA
44400 – Rezé

Impression réalisée sur CAMERON par

BRODARD & TAUPIN
GROUPE CPI
La Flèche

pour le compte des Éditions Michel Lafon
en mars 2006

Imprimé en France
Dépôt légal : mars 2006
N° d'impression : 34633
ISBN : 2-7499-0423-4
LAF : 777